EIGENER HERSTELLUNG
Traubengelee
September 2014

Barbara Baumann

Köstliche Herbst- und Winterküche

BUSSECOLLECTION

Inhalt

Liebe Leserinnen und Leser,

die Tage werden kürzer, die Temperaturen sinken und der Sommer neigt sich allmählich dem Ende zu. Kein Grund, der warmen Jahreszeit und ihrem reichhaltigen Marktangebot nachzuweinen, auch in den kommenden Wochen und Monaten kann man sich auf kulinarische Köstlichkeiten freuen. Und wer da meint die Obst- und Gemüsesaison liegt bereits hinter uns – weit gefehlt. Erst jetzt reift vieles, was Feinschmeckern ausgesprochen lieb ist.

Viele Gartenliebhaber bauen ihr Gemüse selbst an oder verfügen über einen Obstgarten, andere zieht es auf die Wochen- und Bauernmärkte. Wer jetzt über den Wochenmarkt bummelt und auf regionale und saisonale Produkte Wert legt, für den hält der Herbst eine üppig gedeckte Tafel bereit. Farbenprächtige Kürbisse, frische Zwiebeln, Pflaumen, Trauben, Birnen und Äpfel – ein wahrhafter Augenschmaus. Die erntefrischen Früchte bringen Energie und eignen sich hervorragend für die Herbst- und Winterküche. Da liegt es doch auf der Hand, diese Schätze für den Winter zu konservieren, und für die Vorratshaltung gibt es viele Möglichkeiten: Entweder als Fruchtaufstrich im Glas, Chutney, Saft, Sirup oder beschwipst in der Flasche, und über die selbst hergestellten Mitbringsel aus der Gartenküche freut sich einfach jeder. Während das Angebot an heimischem Obst allmählich abnimmt, erfüllt das Gemüsebuffet so ziemlich jeden Wunsch.

Es gibt viele Möglichkeiten, den Herbst in vollen Zügen zu genießen. Für gute Laune bei „Groß und Klein" sorgen abwechslungsreiche Veranstaltungen wie Kürbisausstellungen, Bauernmärkte, traditionelle Zwiebelmärkte, Haus- und Hoffeste rund ums Obst oder Gemüse und noch vieles mehr – unterhaltsamer kann der Herbst nun wirklich nicht sein.

Und wer da glaubt, der Winter hätte nichts zu bieten, wird daran erinnert, was man aus frischen, saisonalen Gemüsesorten zaubern kann. Gerade jetzt brauchen wir Vitamine und Mineralstoffe, die uns fit und munter durch den Winter bringen. Auch wenn einige Gemüsesorten das ganze Jahr im Handel sind, schmecken Gerichte mit Kohl, Wurzeln oder Hülsenfrüchten am besten, wenn es draußen klirrend kalt ist. Während die dunkle Jahreszeit Einzug hält, erstrahlen prachtvolle Adventsmärkte und locken mit ihren aromatischen Düften. Eine gute Gelegenheit um die gesellige Zeit mit der Familie und Freunden in stimmungsvoller Atmosphäre zu verbringen. Nun beginnt aber auch die Zeit, in der nach Herzenslust geschlemmt werden kann und die Hauptgerichte wieder herzhaft und würzig sein dürfen. Feine Schmor- und Ofengerichte, Wintersalate, Eintöpfe, Suppen und festliche Gaumenfreuden stehen auf dem Speiseplan und wärmen nicht nur den Magen, sondern auch das Herz. Nicht umsonst heißt es: Essen und Trinken hält Leib und Seele zusammen.
Und ich koche und esse für mein Leben gern. Deshalb habe ich in meinem Rezeptfundus gekramt und einige meiner Lieblingsrezepte zusammengestellt, die ich mit frischen regionalen Zutaten und einer Prise Liebe für dieses Buch gezaubert habe. Freuen Sie sich auf eine köstliche Herbst- & Winterküche!

Viel Spaß beim Lesen und Genießen,
Ihre Barbara Baumann

Der Herbst ist eine ganz besondere Jahreszeit, er ist die Übergangszeit zwischen Sommer und Winter. Das Grün des Sommers verwandelt sich in Goldgelb, Orange und Kupferrot, vor allem in den Wäldern und auf den Wiesen offenbart die Natur ihre bezaubernde Pracht. In unseren Breitengraden ist der Herbst die Zeit der Ernte und des Blätterfalls. Obstanlagen, Streuobstwiesen, Felder und Kleingärten bringen nochmals eine Fülle saftig reifer Früchte hervor, die viel Spielraum für genussfreudige Kreationen lassen. Überaus verführerisch sind hausgemachte Fruchtaufstriche, Süßspeisen oder pikante Fleischgerichte – wer könnte da widerstehen. Ganz besonders reizvoll ist es, wenn man nach einem ausgedehnten Spaziergang durch herbstliche Landschaften den Tag mit frisch gebackenem Kuchen oder einem herzhaften Pilzgericht in geselliger Runde ausklingen lässt. Frische Luft macht schließlich hungrig!

Herbstfreuden

Ob rund oder flaschenförmig, glatt oder mit Rippen, Dekorationen mit Kürbisfrüchten lassen sofort Herbststimmung aufkommen, und aus den Speisekürbissen kann man am Ende noch ein schmackhaftes Kürbisgericht kochen.
Botanisch gesehen zählt man den Kürbis zu den Beerenfrüchten. Mehr als 800 Kürbissorten und Arten in dekorativen Formen und unterschiedlichsten Farben – von Orange bis Grau – gehören zur Kürbis-Familie. Es gibt aber auch bizarre Speisekürbisse, die aufgrund ihres besonderen Aussehens oft als Zierkürbis verwendet werden, zum Beispiel die tellerförmige Patissonfrucht – ein kleiner Gartenkürbis in Form eines Ufos. Zu den bekanntesten Speisekürbissen zählen Hokkaido-, Spaghetti-, Butternut- oder Muskatkürbis. Kürbispflanzen gedeihen besonders gut an sonnigen, windgeschützten Standorten, der Boden sollte durchlässig und nährstoffreich sein. Optimale Bedingungen liefert daher ein Komposthaufen. Dort fühlen Kürbispflanzen sich wohl, und wenn man sie ausreichend mit Wasser versorgt, gedeihen sie prächtig. Geerntet werden die reifen Beerenfrüchte dann im Herbst.

Kürbisse

Patissonschnitzel

Zutaten für 4 Personen
3-4 Patissonfrüchte (etwa 1 kg)
Salz
Pfeffer aus der Mühle
Mehl
2 Eier
Semmelbrösel
Zitronenspalten
Butterschmalz

Die Kürbisse schälen (eine kleine Frucht kann mit Schale verarbeitet werden) und in fingerdicke Scheiben schneiden.

Die Scheiben salzen, pfeffern, in Mehl wenden, durch verschlagenes Ei ziehen und dann in Semmelbrösel wenden. Die panierten Kürbisscheiben in heißem Butterschmalz wie ein Schnitzel goldbraun ausbacken und dabei wenden. Die Schnitzel auf ein Küchenpapier legen und das Fett abtropfen lassen. Die fertigen Schnitzel mit Zitrone verfeinern und mit einem Kartoffel- oder Blattsalat anrichten.

Patissongemüse

Zutaten für 4 Personen
3-4 Patissonfrüchte (etwa 1 kg)
Salz, Zucker
50 g Butter
30 g Semmelbrösel

Patissonfrüchte schälen und jeweils in 4-8 Stücke schneiden. In kochendes Salzwasser, dem etwas Zucker zugefügt wurde, geben und je nach Größe 5-10 Min. garen. Das Gemüse abgießen, in eine Schüssel geben und mit in Butter gebräunten Semmelbröseln bestreuen. Man kann auch geriebenen Käse darüber geben. Als Beilage zu Fisch oder Fleisch servieren.

Kürbis-Gugelhupf

Zutaten
75 g weiche Butter
150 g Kürbisfleisch, z.B. Hokkaido (geschält und entkernt)
2 Eier
100 g Zucker
1 Pck. Bio-Bourbon-Vanillezucker
1 Prise Salz
150 g Mehl
½ Pck. Backpulver
50 g gehackte Macadamia-Nüsse
Puderzucker

Den Backofen auf 175 °C vorheizen und die Backform einfetten. Das Kürbisfleisch raspeln. Die Eier, Zucker, Vanillezucker und 1 Prise Salz mit dem Handmixer cremig rühren.

Die Butter hinzugeben und alles schaumig aufschlagen. Mehl mit Backpulver mischen, sieben und nach und nach unter die Masse rühren. Nüsse und Kürbisraspel dazugeben und unterheben.

Den Teig in die gefettete Form füllen und 45-60 Min. im vorgeheizten Ofen backen, dann den Kuchen herausnehmen, etwas abkühlen lassen, den Rand vorsichtig lösen und den Gugelhupf auf eine Platte stürzen. Den Kuchen zum Schluss mit Puderzucker bestäuben.

Curry-Kürbis mit Hähnchenkeulen

Zutaten
für 4 Personen
1 kleiner Hokkaido
ca. 450 - 500 g
4 rote Zwiebeln
5-6 EL Olivenöl
6 Hähnchenschenkel
Salz, Pfeffer
Edelsüßpaprika
frischer Thymian
Limettencurry
Chili
150 g Mini-Datteltomaten
200 ml süße Sahne

Den Backofen auf 180 °C vorheizen.
Hähnchenschenkel mit Salz, Pfeffer, Paprika und Olivenöl kräftig würzen. Den Hokkaidokürbis gründlich waschen, halbieren, entkernen und in Spalten und dann in Stücke schneiden.
4 mittlere rote Zwiebeln achteln.
Kürbisstücke und Zwiebeln mit nicht zu wenig frischem Thymian in eine Schüssel geben, mit Olivenöl vermischen und mit Limettencurry, Salz und geschrotetem Chili würzen, Curry gerne großzügig verwenden. Hähnchenschenkel auf einem tiefen Backblech verteilen, drum herum das Gemüse. Im vorgeheizten Backofen etwa 60 Min. braten.
Nach etwa 30 Min. Bratzeit die Mini-Datteltomaten dazugeben und das Gemüse mit Sahne übergießen.

Dazu schmeckt ein frisches Brot.

Die grösste Beere der Welt

Alljährlich begeistern in vielen Regionen Kürbisausstellungen oder Kürbisfeste Tausende von Gästen. Z.B. Berlin-Brandenburgs größte Kürbisausstellung mit über 100.000 Kürbissen stand 2014 ganz unter dem Motto „Klaistower Kürbis-Spiele".

Übermannshohe Sportler-Figuren und olympische Szenerien, über und über mit Kürbissen behängt, boten fantastische Fotomotive. Außerdem wurden rund 500 verschiedene Kürbissorten aus aller Welt präsentiert. Besonders beeindruckt haben uns die monströsen Zuchtergebnisse internationaler Kürbisliebhaber.

951 Kilogramm hat der Monster-Kürbis aus der Schweiz auf die Waage gebracht. Zu den Highlights rund um die farbenfrohe Riesenbeere zählen u.a. das gemeinsame Kürbisschnitzen, die Kürbiswiegemeisterschaft oder das Halloween-Fest. Bis auf die Sortenschau werden alle Kürbisse von den Betreibern selbst angebaut.

Im Scheunenrestaurant kann man sich die vielseitig verwendbare Frucht als Kürbis-Suppe, Kürbis-Rösti oder auch gefüllt schmecken lassen, und die Hofbäckerei verwöhnt mit Kürbis-Kuchen, Kürbis-Konfekt oder Kürbis-Brot. Daneben locken in den gut gefüllten Regalen des Hofladens viele köstliche Kürbisprodukte.

Der Herbst ist Pilzzeit!

Pilze sind merkwürdige Geschöpfe, zwischen Erdreich und Oberfläche, die weder Pflanze noch Tier sind. Sie sind eigenständig, eine Gattung für sich – Pilze eben.

Zur Pilzsaison zieht es uns in die Natur, und als Pilzsammler kennt man seine Stellen, die natürlich nicht verraten werden. In unseren Korb wandern nur Pilze, die wir kennen. Wer die begehrten Schätze des Waldes nicht suchen möchte, kann die appetitlich leuchtenden Delikatessen auch auf den Wochenmärkten kaufen.

Zu den aromatischen Arten zählen nicht nur Pfifferlinge, Steinpilze, Maronen und Champignons, sondern auch viele andere Entdeckungen aus kultiviertem Anbau. Sehr schmackhaft sind u.a. der Limonenseitling, das Goldkäppchen, der Rosenseitling oder die Samthaube.

Doch auch Edelpilze wie der würzig schmeckende Shiitake, Kräuterseitling oder Austernpilz sind im Handel erhältlich. Geschmort, gebraten, gefüllt oder als Gulasch schmecken Pilze besonders gut.

Pilze

Champignonsalat

Zutaten für 2 Personen
250 g frische Champignons
200 ml Gemüsebrühe
3 Lauchzwiebeln
2 EL Pinienkerne
Dressing
2 EL Balsamicoessig
1 Messerspitze Zitronenabrieb (Bio-Zitrone)
1 EL Zitronensaft
4 EL Olivenöl
Salz
Pfeffer
1 EL Schnittlauchröllchen

Die Champignons putzen und in dünne Scheiben schneiden. Heiße Gemüsebrühe aufgießen, einige Minuten ziehen lassen, bis die Pilze weich sind.

Anschließend ¾ der Brühe wieder abgießen. Dann die klein geschnittenen Lauchzwiebeln und die gerösteten Pinienkerne untermischen. Balsamicoessig, Zitronenabrieb, Zitronensaft, Salz, Pfeffer und Olivenöl zu einem Dressing verrühren, über die Champignons gießen und ca. 15 Min. durchziehen lassen. Mit frischen Schnittlauchröllchen servieren.

Pilzpfanne

Zutaten
für 3 Personen
400 g Mischpilze
2 Schalotten
1 EL Öl
1 EL Butter
Salz, Pfeffer
3 Stängel Petersilie

Die Pilze putzen und in Stücke schneiden. Schalotten schälen, in Würfel schneiden und in Olivenöl zart anbraten. Die Butter in die Pfanne geben, erhitzen und die vorbereiteten Pilze hinzufügen. Das Ganze unter häufigem Wenden etwa 15-20 Min. schmoren. Mit Salz und frisch gemahlenem Pfeffer würzen und die klein gehackte Petersilie zufügen. Je nach Belieben mit Gnocchi oder Tagliatelle und ein paar hauchdünnen Käsespänen servieren.

Pilzgulasch

Zutaten
für 4 Personen
1 rote Zwiebel
1 rote Paprikaschote
2-3 Kartoffeln
3-4 Tomaten
300 g Mischpilze
1 EL Tomatenmark
1 EL Edelsüßpaprika
2 Streifen Zitronenschale (Bio-Zitrone)
¼ l Gemüsebrühe
Salz , Pfeffer
2-3 EL saure Sahne
Petersilie

Zwiebel schälen und fein würfeln. Die Paprikaschote und geschälten Kartoffeln ebenfalls würfeln. Die Tomaten kurz überbrühen, in Eiswasser abschrecken, häuten, entkernen und in Würfel schneiden. Olivenöl in einer Pfanne erhitzen und die Zwiebel darin anbraten.

Paprika und Kartoffeln dazugeben, beides mit anschmoren. Tomatenmark und Edelsüßpaprika unterrühren, dann die Tomaten zufügen. Die Pilze putzen, in Stücke schneiden und mit anschmoren. Gemüsebrühe auffüllen und die Zitronenstreifen dazugeben. Gulasch 35 Min. bei milder Hitze garen.

Die Zitronenstreifen entfernen, Gulasch mit saurer Sahne binden und zum Schluss mit Salz und Pfeffer abschmecken. Vor dem Servieren mit gehackter Petersilie bestreuen.

Hier bieten sich Tagliatelle oder Reis als Beilage an.

Herbstliches Sammelsurium

Rot und herzlich – diese herbstliche Dekoration ist eine hübsche Zierde für die Haustür und lässt sich kinderleicht selbst herstellen. Für das Apfelherz benötigt man einen stabilen Blumendraht, ca. 25–30 cm, der in Herzform gebogen wird, und ein paar Äpfel im Miniformat. Die Zieräpfel werden mit einem spitzen Werkzeug durchbohrt, aufgefädelt und die unteren Drahtenden miteinander verdreht. Noch eine Schlaufe zum Aufhängen und schon kann man seine Gäste an der Haustür herzlich willkommen heißen.

Auch der Hut freut sich über ein paar herbstliche Akzente: Als Grundgerüst habe ich Buchsbaumzweige verwendet. Diese werden zum Kranz gewunden, die Enden übereinandergelegt und mit Draht umwickelt. Dann den ganzen Rohling mit Draht umwickeln. Anschließend werden die Zieräpfel mit Blumendraht um den Kranz gebunden. Zur Zierde kommen noch Weißdornbeeren dazwischen. Die kurzen Zweige zu kleinen Sträußchen wickeln und auf dem Kranz befestigen. Alles dicht an dicht übereinanderlegen, sodass die Beeren oder Äpfel des vorherigen Zweiges überdeckt werden.

Lauch – oder Porree genannt:
Das winterfeste Zwiebelgemüse ist im Geschmack und Geruch sehr viel milder als seine Verwandten, zu denen Zwiebeln und Knoblauch gehören. Herbstlauch wird ab September geerntet, er wächst bis zu 80 cm hoch und bildet Laubblätter statt einer Knolle. Wie die übrigen Artgenossen besitzt der Lauch ähnliche Inhaltsstoffe. Und die frischen grünen Stangen sind aus der Küche einfach nicht mehr wegzudenken. Lauch wird gern als Würzgemüse verwendet, schmeckt in Eintöpfen, als Hauptgericht oder Beilage zu Fleisch- und Fischgerichten.

Vielschichtige Knollen
Unentbehrlich für die Kunst des Kochens sind Zwiebeln, sei es als würzende Beigabe oder als Hauptgericht. Durch ihren charakteristischen Geschmack geben sie vielen Gerichten erst den richtigen Pfiff. Zwiebeln können scharf oder mild sein. Je weniger Wasser und Zucker eine Zwiebel enthält, umso schärfer ist sie. Gemüsezwiebeln, Schalotten, weiße und rote Zwiebeln sind nicht so scharf wie die kugeligen gelben Speisezwiebeln. Durch Kochen oder Braten wird auch das schärfste Aroma der beißenden Knollen, das uns oft zu Tränen reizt, gemildert. Zum Würzen von grünen Salaten eignen sich besonders die milden Lauchzwiebeln. Zwiebeln gelten als Geheimnis der Vitalität und Stärke. Und bis heute hat sich der Ruf der Zwiebel – roh und frisch verspeist – als Lebenselixier und erstaunliches Heilmittel erhalten.

Lauch & Zwiebel

Lauchtarte

Zutaten
250 g Mehl
100 g Butter
1 TL Salz
1/8 l Wasser
1 kg Lauch
150 g Schinkenspeck
3/8 l Sahne
3 Eier
Pfeffer
Estragon

Mehl, Butter, Salz und 1/8 Liter Wasser zu einem glatten Teig verkneten. Den Teig für 30 Min. kühl stellen. Den Backofen auf 200 °C vorheizen. Lauch gründlich waschen und in 1 cm breite Ringe schneiden. In kochendem Salzwasser 3-5 Minuten köcheln. Lauch in ein Sieb schütten und abtropfen lassen. Den Schinkenspeck in Würfel schneiden und ausbraten. Sahne und Eier schaumig rühren, mit wenig Salz, Pfeffer und Estragon würzen. Den Teig auf einer bemehlten Arbeitsfläche ausrollen, die gefettete Backform damit auslegen und den Rand hochziehen. Die Lauchringe gleichmäßig auf dem Teig verteilen, dann die Ei-Sahne-Masse und die Speckwürfel darüber geben. 30-40 Min. im vorgeheizten Ofen backen. Heiß servieren.

Lauchsuppe

Zutaten für 4 Personen
3 Stangen Lauch
500 g Hackfleisch, gemischt
1 Zwiebel
1 EL Butterschmalz
150 g Sahne
150 g Kräuterfrischkäse Doppelrahmstufe
1/2 l Fleischbrühe
Salz , Pfeffer
Petersilie

Den Lauch gründlich waschen und in Ringe schneiden. Fleisch, Zwiebeln und Lauch in etwas Butterschmalz anbraten. Die Fleischbrühe aufgießen und aufkochen lassen. Anschließend die Sahne zufügen und den Frischkäse langsam einrühren. Etwa 20-25 Minuten köcheln lassen. Die Suppe mit Salz und Pfeffer abschmecken und 1 EL frisch gehackte Petersilie darüber streuen.

Zwiebelmarmelade

Zutaten
800 g rote Zwiebeln
2 EL Honig
1 EL Rohrzucker
150 ml Rotwein
1 EL Olivenöl
70 ml Balsamico
2-3 Thymianzweige
1 Messerspitze
Chilipulver
1 TL Salz

Die Zwiebeln schälen, halbieren und in Streifen schneiden. Honig, Rohrzucker und Rotwein zu einer Marinade verrühren. Die Zwiebelstreifen darin einlegen, durchmischen und zugedeckt 5 Stunden ruhen lassen.

Öl in einem Topf erhitzen, die Zwiebelmasse, Gewürze und Kräuter zufügen, glasig dünsten und mit einem guten Balsamico ablöschen. Die Masse aufkochen und bei kleiner Hitze so lange köcheln, bis die Zwiebelmasse die richtige Konsistenz hat. Ab und zu umrühren.

Den Topf vom Herd nehmen, Thymian entfernen und die Marmelade in vorbereitete Gläser füllen.

Schmeckt köstlich zu Fleischgerichten oder auf frischem Brot und zu Käse.

Zwiebel-Flammkuchen mit Schinken

Zutaten für 4 Stück
10 g Hefe
250 g Mehl
100 ml Buttermilch
2 EL Olivenöl
1 TL Salz
2 rote Zwiebeln
100 g Schinkenspeck
8 EL Crème fraîche
½ TL frische Thymianblättchen
Pfeffer aus der Mühle

Backpapier
Frischhaltefolie

Die Hefe in etwas lauwarmen Wasser auflösen.
Das Mehl in eine Schüssel sieben und eine kleine Mulde in die Mitte drücken. Hefe hineingeben und etwas Mehl untermischen. Salz, Buttermilch und Olivenöl zufügen.
Das Ganze nun sorgfältig zu einem glatten, geschmeidigen Teig kneten. Die Schüssel mit einem Tuch abdecken und den Teig an einem warmen Ort eine gute Stunde gehen lassen.

4 Backpapierbögen und Frischhaltefolie bereitlegen.
Die Zwiebeln schälen und in sehr dünne Streifen oder Ringe schneiden. Schinkenspeck würfeln. Backofen mit dem Backblech auf 275 °C vorheizen.

Den Teig nochmals durchkneten und in vier gleichgroße Stücke teilen. Kleine handflächengroße Teigkugeln formen und auf jeweils einem leicht bemehlten Backpapierbogen rund oder oval ausrollen. Mit Frischhaltefolie abdecken und den Teig etwa 30 Min. ruhen lassen.

Die Frischhaltefolie entfernen und den Teig sehr dünn ausrollen. Crème fraîche mit den Gewürzen mischen und den Teig damit bestreichen. Speckwürfel und die Zwiebeln darüber streuen.
Die Flammkuchen im vorgeheizten Ofen ca. 4-5 Min. nacheinander knusprig backen. In große Stücke schneiden und heiß servieren.

Ofenzwiebeln

Zutaten für 4 Personen
4 große Zwiebeln
Gemüsebrühe
250 g Hackfleisch, gemischt
Salz, Pfeffer
Zitronenabrieb
1 Bund Petersilie
1 Ei
20 g Butter
50 g geriebenen Käse

Ofen auf 200 °C vorheizen. Die geschälten Zwiebeln in der Brühe 15 Min. vorgaren. Anschließend herausnehmen, kalt abschrecken, halbieren und das Innere der Zwiebel bis auf ca. 3 äußere Schichten herauslösen. Das ausgehöhlte Zwiebelfleisch in Würfel schneiden und die Hälfte davon zum Hackfleisch geben. Hackfleisch mit Salz, Pfeffer, etwas Zitronenabrieb, gehackter Petersilie und einem Ei vermengen. Die Hackmasse in die ausgehöhlten Zwiebelhälften füllen und in eine gefettete Auflaufform setzen. Die restlichen Zwiebelwürfel dazugeben und etwas von der Brühe aufgießen. Im Ofen 10 Min. backen, dann die Butterflöckchen aufsetzen, Käse darüber streuen und weitere 15 Min. backen. Dazu Kartoffelpüree reichen.

Rostbrätel

Zutaten für 6–8 Personen
10 Schweinekammsteaks
5-8 große Zwiebeln
2 Knoblauchzehen
200 ml Bier (Pils)
400 ml Senf
Salz, Pfeffer
etwas Butter

Senf, Bier, Salz und Pfeffer gut vermischen. Die Marinade soll durchaus recht salzig und scharf sein. Das Fleisch wird nicht extra gewürzt. Die Marinade zuvor abschmecken. Die Zwiebeln und den Knoblauch in Scheiben schneiden. Die Schweinekammscheiben plattieren. In ein Einlegegefäß etwas Marinade geben, sodass der Boden vollständig bedeckt ist. Dann ein paar Zwiebel- und Knoblauchscheiben zufügen und darauf die Schweinekammscheiben legen. Wenn der Boden mit dem Fleisch bedeckt ist, abwechselnd Marinade, Zwiebeln, Knoblauch und Fleisch in das Gefäß schichten, bis alles verbraucht ist – die letzte Schicht besteht aus Zwiebeln, Knoblauch und Marinade. Die Schüssel mit einer Folie oder Deckel verschließen und mindestens 24 Stunden in den Kühlschrank stellen. Das Fleisch aus dem Einlegegefäß nehmen, gut abtropfen und die anhaftenden Zwiebelscheiben entfernen, sie würden sonst verbrennen. Gegrillt wird auf dem Holzkohlegrill oder in der Grillpfanne. Die Zwiebelscheiben werden extra in einer Pfanne mit etwas Butter braun gebraten und später über die Brätel gegeben. Angerichtet wird das Rostbrätel auf einer Scheibe Brot.

Eigene Ernte
Radieschen
1 Bund 0,
Eigene Ernte

Marktfrisch, knackig und lecker

Es ist Samstagmorgen, und für mich gibt es nichts Schöneres, als in aller Herrgottsfrühe über den Wochenmarkt zu bummeln. Ich liebe den Einkauf unter freiem Himmel und die quirlige, lebendige Marktatmosphäre, die so anregend ist wie die Luft an diesem Morgen, die bereits den Herbst in sich trägt. Während ich über den Markt schlendere und mein Blick auf das ausgewogene Angebot fällt, überlege ich, was am Wochenende bei uns auf den Tisch kommt?

Zum Grundsortiment auf den Märkten gehören frisches Obst und Gemüse, Kräuter, Blumen, Käse, Eier und Fleisch. Daneben bieten Händler Bio-Produkte aus kontrolliertem Anbau und vieles kommt direkt aus der Region. Tipps und Neuigkeiten aus der Nachbarschaft gibt es gratis dazu. Ich kaufe hier ein paar saftige Pflaumen und entscheide mich dort für Birnen, Lauch, Kürbis, Feldsalat und Zuchtpilze. Und an einem weiteren Stand konnte ich sogar einige Besonderheiten entdecken, darunter die inzwischen wieder erhältliche Kartoffelsorte „Linda". Mein Korb ist prall gefüllt, der Einkaufszettel abgehakt und ich habe den Gang über den Wochenmarkt wieder einmal sehr genossen.

Ab Spätsommer, bis in den Herbst hinein, kündigt sich mit Pflaume, Zwetschge, Reneklode und Mirabelle auch wieder leckeres Steinobst an. Pflaumen gibt es in unzähligen Sorten und Geschmacksrichtungen. Die Zwetschge unterscheidet sich von der Pflaume hauptsächlich durch die Form sowie Wasser- und Zuckergehalt.

Die Pflaume wird gern roh gegessen, zu Kompott oder Obstsalat verarbeitet.
Die Zwetschge dagegen ist ein idealer Kuchenbelag, da sie beim Backen ihre Konsistenz und Form behält. Echte Pflaumen, Rund- oder Eierpflaumen, sind im Obstanbau wenig von Bedeutung, jedoch in Kleingärten und Hausgärten noch oft zu finden. Ob als Pflaumenkuchen, Pflaumentarte, Pflaumenmus, Dessert oder pikant zu Fleischgerichten, die saftigen Früchtchen versprechen Gaumenfreude pur!

Pflaumen

Pflaumen-Tarte

Zutaten
250 g Mehl
125 g Butter
75 g Zucker
1 Ei
Salz
600 g Pflaumen
2 EL Rohrzucker

Mehl, Butter, Zucker, eine Prise Salz und ein Ei mit dem Knethaken des Handrührgerätes verkneten.
Dann den Mürbeteig mit den Händen zu einem glatten Teig verarbeiten und zu einer Kugel formen. In Frischhaltefolie wickeln und für ca. 30 Min. kaltstellen.

Backofen auf 200 °C vorheizen. Den Mürbeteig auf einer bemehlten Arbeitsfläche zu einem Kreis ausrollen, die gefettete Backform damit auslegen und den Rand hochziehen. Den Boden mit einer Gabel mehrmals einstechen.

Die gewaschenen, entsteinten und in Spalten geschnittenen Pflaumen gleichmäßig auf dem Teig verteilen. Die Pflaumen mit Zucker bestreuen und im vorgeheizten Ofen etwa 40 Min. backen. Mit einem Schlag Sahne servieren.

Pflaumenmus und Quarkbrötchen

Zutaten Pflaumenmus
2 ½ kg
entsteinte vollreife
Pflaumen
1 TL Zimt
½ TL gemahlene
Nelken

Die Pflaumen waschen, abtropfen lassen, vierteln und entsteinen. Mit der Küchenmaschine zerkleinern und die Masse in einen Topf umfüllen. Die Gewürze zufügen und die Pflaumenmasse bei geringer Hitze so lange einkochen (etwa 4 Stunden), bis sich das Mus mit dem Kochlöffel teilen lässt und nicht sofort wieder zusammenfließt.

Man kann natürlich auch die bequeme Backofenvariante wählen: Die Pflaumenmasse und Gewürze auf ein tiefes Blech geben und gleichmäßig verteilen. Im vorgeheizten Ofen bei 200 °C langsam eindicken lassen, dabei die Backofentür einen Spaltbreit geöffnet lassen, damit der Dampf entweichen kann.

Nach Belieben können 1-2 grüne Walnüsse mitgekocht werden, nach Fertigstellung nimmt man diese dann wieder heraus.
Das Pflaumenmus noch heiß in vorbereitete Gläser füllen.

Besonders köstlich schmeckt Pflaumenmus kleinen Leckermäulchen zum Frühstück auf frischem Weißbrot oder Quarkbrötchen, die einfach und schnell selbst hergestellt werden können.

Zutaten für 8 Brötchen
250 g Magerquark
2 Eier
250 g Mehl
1 Pck. Backpulver
1 Prise Salz
evtl. 2 EL Wasser

Den Backofen auf 200 °C vorheizen.
Das Mehl mit dem Backpulver gut mischen, mit Salz, Eiern und Magerquark zu einem Teig verkneten.
Aus dem Teig mit bemehlten Händen kleine Brötchen formen und diese auf ein Backblech mit Backpapier legen.
Im vorgeheizten Backofen ca. 20 Min. backen.

Hähnchenrouladen mit Pflaumenmus

Zutaten für 4 Personen
4 Hähnchenschnitzel
4 TL Pflaumenmus
4 Scheiben Schinkenspeck
1 Zwiebel
3-4 Salbeiblätter
1 Thymianzweig
¼ l Hühnerbrühe
100 ml Weißwein
1-2 EL Butterschmalz
Salz, Pfeffer
eiskalte Butterflöckchen

Die Hähnchenschnitzel waschen und trocken tupfen. Die Schnitzelchen pfeffern, mit je einer Scheibe Schinken belegen und Pflaumenmus bestreichen. Fest aufrollen und mit kleinen Holzspießen verschließen. Zwiebel schälen und in Würfel schneiden. Rouladen in heißem Butterschmalz rundherum kräftig anbraten. Zwiebelwürfel und Kräuter dazugeben und kurz anschwitzen. Mit Weißwein ablöschen und dann die Hühnerbrühe auffüllen. Alles aufkochen und zugedeckt bei mittlerer Hitze etwa 20-25 Min. schmoren lassen. Rouladen herausnehmen und warm halten. Die Sauce etwas einkochen lassen und die eiskalten Butterflöckchen unterschwenken. Mit Salz und Pfeffer abschmecken und die Rouladen darin anrichten. Dazu schmeckt Weißbrot.

Backpflaumen im Baconmantel

Zutaten für 4 Personen
1 Packung Bacon
Backpflaumen

Die Backpflaumen mit dem Bacon umwickeln und dann entweder in einer beschichteten Pfanne ohne Fett knusprig braten oder im Backofen bei 200 °C etwa 20-25 Min. backen.

Auf einer Platte abkühlen lassen und als Fingerfood servieren.

Zimtparfait mit Pflaumenkompott

Zutaten für 4 Personen

Parfait:
2 Eier · 100 g Zucker
Saft und Abrieb einer Bio-Orange
2 TL Zimt · 200 ml Sahne

Pflaumenkompott:
20 g Butter
3 EL brauner Zucker
150 ml Rotwein
500 g Pflaumen
1 TL Zimt
Minze

Parfait:
Die Eier trennen. Das Eigelb mit 50 g Zucker, Orangensaft sowie dem Orangenabrieb schaumig schlagen. Den Zimt zufügen. Das Eiweiß steif schlagen und den restlichen Zucker einrieseln lassen. Die Sahne steif schlagen. Eiweiß und Sahne unter die Eigelbmasse heben und in vier kleine Förmchen verteilen. Eine Stunde gefrieren lassen.

Pflaumenkompott:
Die Pflaumen waschen, abtropfen lassen, halbieren und entsteinen. Butter in einer Pfanne erhitzen, braunen Zucker dazugeben, karamellisieren lassen und mit Wein ablöschen. Zimt dazugeben und so lange rühren bis sich das Karamell aufgelöst hat. Die Pflaumen unter den Sirup mischen und einige Minuten bei mittlerer Hitze köcheln, sie sollten aber nicht zu weich sein.
Die Parfaits leicht antauen lassen, auf einen Teller stürzen, mit dem Pflaumenkompott anrichten und mit frischer Minze garnieren.

Die leckeren Beerenfrüchte werden oft unterschätzt, sie schmecken nicht nur zuckersüß, sondern ihre wertvollen Inhaltsstoffe sind wahre Fitmacher für unser Immunsystem.

Es gibt eine Vielzahl an Traubensorten, die sich kaum überblicken lässt. Man unterscheidet zwischen weißen oder blauen und kernhaltigen bzw. kernlosen Sorten.

Trauben aus dem eigenen Garten … Kein Problem!
Ein wunderbares Hobby, welches nicht nur saftige Ernte verspricht, sondern im goldenen Herbst eine farbenprächtig berankte Wand zum Vorschein bringt.

Zu beachten wäre, dass sich Weinstöcke über Rankhilfen, warme und geschützte Standorte sowie durchlässige und nährstoffreiche Böden freuen. Wer keinen Garten besitzt, findet in manchen Gegenden sogar heimische Trauben auf dem Wochenmarkt oder in Hofläden. Frische Trauben schmecken pur, in Salaten, auf Torten oder Käseplatten.

Trauben

Feldsalat mit Trauben

Zutaten
200 g Feldsalat
100 g Radicchio
150 g blaue Trauben
150 g helle Trauben
50 g geröstete Pinienkerne

Dressing
4 EL Himbeeressig
3 EL Wasser
1 TL Dijonsenf
6 EL Olivenöl
Salz
Pfeffer
Zucker

Den Salat putzen, waschen und trocken schleudern. Die Trauben abzupfen, waschen, halbieren und die Kerne entfernen. Salat und Trauben mischen.

Dressing:
Essig, Wasser, Senf, Salz, Pfeffer und 1 Prise Zucker verquirlen, zum Schluss das Öl darunter schlagen und abschmecken. Das Dressing über den Salat geben und alles locker vermengen. Den Salat mit gerösteten Pinienkernen anrichten.

Traubenmuffins

Zutaten
250 g kleine blaue, kernlose Trauben
175 g Butter
1 Prise Salz
Mark einer Vanilleschote
150 g Rohrzucker
4 Eier
350 g Mehl
50 g gemahlene Mandeln
1 Pck. Backpulver
5 EL Sahne
Puderzucker

Muffinblech
12 Papier-Backförmchen

Den Ofen auf 200 °C vorheizen.
Die Trauben waschen und gut abtropfen lassen. Butter, Salz, Vanillemark und Zucker in eine Rührschüssel geben und mit dem Handmixer schaumig schlagen.

Die Eier nach und nach unterrühren. Mehl, Backpulver und Mandeln mischen und im Wechsel mit der Sahne zufügen und unterrühren. Zum Schluss die Trauben vorsichtig unter den Teig heben. Die Mulden des Backblechs mit Papierförmchen auskleiden.

Die Förmchen gleichmäßig mit dem Teig füllen. Im vorgeheizten Backofen ca. 25 Min. backen.
Aus dem Backofen nehmen und die Muffins in der Form auskühlen lassen. Die Muffins mit Puderzucker bestäubt servieren.

Für das Traubenherz habe ich die Teigmenge von zwei Traubenmuffins zurückbehalten.

AUS EIGENER HERSTELLU
Traubengelee
September 2014
AUS EIGENER HER
Traubeng
September 2

Traubengelee

Zutaten

1,5 kg rote Weintrauben
Saft ½ Zitrone
250 ml Rotwein
Gelierzucker 2:1

Trauben abzupfen und abspülen. In einen Topf geben und den Rotwein zufügen. Ohne Zucker zum Kochen bringen und bei kleiner Hitze 20-30 Min. leicht köcheln, bis die Trauben platzen und weich sind. Mehrmals umrühren. Die Masse lässt sich nun problemlos durch ein Sieb streichen. Den Saft auffangen und abkühlen lassen.

Traubensaft abmessen, Zitronensaft und den Gelierzucker nach Packungsanweisung zufügen. Unter ständigem Rühren bei starker Hitze zum Kochen bringen und etwa 3 Min. sprudelnd kochen lassen. Sofort in vorbereitete Gläser füllen, verschließen und 5 Min. auf den Kopf stellen.

An apple a day keeps the doctor away
– diese Redewendung kommt nicht von ungefähr.

Das göttliche Kernobst leistet mit seinen zahlreichen Vitaminen, Spurenelementen und wertvollen Mineralstoffen, die es in und unter der Schale trägt, enorme Arbeit im menschlichen Körper. Grund genug, um mal wieder herzhaft in einen knackigen Apfel zu beißen. Verputzt werden jährlich etwa 25 kg Äpfel pro Kopf - je nach Vorliebe von saftig-süß bis herb-säuerlich. Frisch vom Baum und fast genauso frisch vom Wochenmarkt, schmecken Äpfel natürlich am besten, aber es gibt auch viele köstliche Rezepte rund um die süße Frucht. Wie wäre es mit leckeren Cupcakes, Gelee oder einem Apfelpunsch?

Süß und saftig kommt sie daher, die Birne, und liefert dabei nur wenige Kalorien. Sie ist eine der bekanntesten Früchte weltweit und gehört zu den delikatesten Obstsorten. Das milde und süße Kernobst ist das gesunde Naschwerk schlechthin und eine empfehlenswerte Alternative zu Süßigkeiten. Eine Birne hilft über Heißhungerattacken hinweg, versorgt den Körper mit Vitaminen und Mineralien und ist gut bekömmlich – sie ist ein fruchtiges Multitalent. Birnen schmecken köstlich in herzhaften Gerichten, Süßspeisen oder als Kuchenbelag.

Äpfel & Birnen

Apfel-Cupcakes

Zutaten für 6 Stück

Teig:
125 g Mehl
1½ TL Backpulver
½ TL gemahlenen Zimt
60 g Zucker
1 Ei
60 ml Milch
2 EL Sonnenblumenöl
1 Apfel

Frosting:
100 g Frischkäse Doppelrahmstufe
100 g Mascarpone
1 Pck. Bio Bourbon-Vanillezucker
2 EL Apfelgelee

Muffinblech
6 Papier-Backförmchen

Backofen auf 180 °C vorheizen.
Mehl, Backpulver und Zimt in eine Rührschüssel sieben. Den Zucker dazugeben und alles gut mischen. Ei, Milch und Öl verrühren, zu den übrigen Zutaten geben und so lange rühren, bis alles gut vermischt ist.
Den Apfel schälen, grob raspeln und unter die Teigmasse ziehen. Die Mulden des Blechs mit Papierförmchen auslegen. Die Förmchen gleichmäßig bis zu zwei Drittel mit dem Teig füllen.
Im vorgeheizten Backofen ca. 20-25 Min. backen. Cupcakes etwa 5 Minuten ruhen lassen. Anschließend aus dem Backblech lösen und auskühlen lassen.
Frosting:
Frischkäse, Mascarpone und Vanillezucker in eine Schüssel geben und mit dem Handmixer steif rühren. Apfel-Rosen-Gelee dazugeben, alles cremig aufschlagen und bis zum Anrichten kühl stellen. Das Frosting in einen Spritzbeutel geben und auftragen.

Apfel-Dessert

Zutaten für 4 Personen
2 große Äpfel
20 g Butter
3 TL Akazien-Honig
200 g Mascarpone
200 g Joghurt
Mark einer Vanilleschote
2 EL Zucker
1 TL Abrieb einer Bio-Limette
1 EL Limettensaft
100 g Haselnusskrokant
Schokolade

Die Äpfel waschen, vierteln, das Kerngehäuse entfernen und das Fruchtfleisch in Spalten schneiden. Butter in einer Pfanne erhitzen und die Äpfel darin etwa 2 Minuten anbraten. Den Honig zufügen, unterrühren, Apfelspalten kurz aufkochen und vom Herd nehmen.
Mascarpone, Joghurt, Puderzucker, Vanillemark, Limettenabrieb und Limettensaft zu einer Creme aufschlagen.
Die Äpfel mit der Flüssigkeit in Gläser füllen und eine Schicht Creme darauf verteilen, dann Krokant darüber streuen und wieder eine Schicht Creme darüber geben.
Schokolade raspeln (etwa 1 EL) und das Dessert damit bestreuen.

Ein Fest rund um den Apfel

Ein besonderes Ereignis für Jung und Alt sind Apfelfeste, die im Herbst zahlreiche Besucher anlocken. An diesem Tag dreht sich (fast) alles um das begehrte Kernobst – Hauptdarsteller dieser Veranstaltung. Der knackigen Frucht ein eigenes Fest zu widmen, finde ich eine ganz wunderbare Idee.

Zweifellos ein guter Grund, um sich auf eine Landpartie in eines der vielen großen Obstanbaugebiete Deutschlands zu begeben. Schon seit 300 Jahren ist z.B. das Havelland in und um Werder aufgrund des milden Klimas Obstanbaugebiet.

Auf dem Hof der Familie Lindicke in Plötzin werden nicht nur Früchte angebaut, die schön aussehen, sondern besonders schmackhaft sind. Nur am Baum ausgereiftes Obst entfaltet seinen vollen Geschmack und entwickelt beste Inhaltsstoffe.

Hier findet sicher jeder seine Lieblingssorte – auch alte Apfelsorten wie Boskoop und Berlepsch sind vertreten. Birnen, Nashis und Quitten vervollständigen das Angebot. Traditionell wird das Ende der Erntesaison mit einem Apfelfest gebührend gefeiert, auch für das leibliche Wohl ist gesorgt. Heiß begehrt sind der Apfelsonderverkauf, Herzhaftes und Süßes aus Äpfeln, Apfelspezialitäten, die Apfelprobierstraße und vieles mehr.

Apfel
Rosen
Gelee

Apfelgelee mit Rosenaroma

Zutaten
1 Liter Apfelsaft
Saft einer Zitrone
2 Handvoll
Duftrosenblätter
Gelierzucker 3:1

Die Rosenblätter in ein Sieb geben, kurz in kochendes Wasser tauchen, in Eiswasser abschrecken und auf einem Küchentuch trocknen lassen.
Apfelsaft, Zitronensaft und Gelierzucker nach Packungsanweisung aufkochen. Die Rosenblätter in das kochende Gelee geben und einige Minuten köcheln lassen, bis die Blätter nicht mehr schwimmen. Heiß in vorbereitete Gläser füllen.

Apfelpunsch mit Schuss

Zutaten
1 l Cidre, trocken
2 EL Rohrzucker
2 Zimtstangen
2 Gewürznelken
1 EL Zesten einer Bio-Orange
2 Sternanis
100 ml Calvados

Gewürznelken, Sternanis und Orangenzesten in einen Teebeutel geben. Zucker im Topf karamellisieren lassen, mit dem Cidre ablöschen und erhitzen (nicht kochen). Die Gewürzmischung und die Zimtstangen in den Topf geben und den Herd ausschalten.
Den Punsch auf der Herdplatte 10 Minuten ziehen lassen. Zum Schluss den Calvados dazugeben, Gewürzbeutel und Zimtstangen herausnehmen und den Apfelpunsch möglichst heiß servieren.

Alkoholfreier Punsch

Zutaten
Saft einer Orange
1 Flasche Apfelsaft (klar)
2 Zimtstangen
3 Gewürznelken
2 Sternanis
1 EL Zesten einer Bio-Orange
1- 2 EL Akazienhonig

Orangensaft und Apfelsaft in einen Topf geben und erhitzen. Bevor der Saft zu kochen beginnt, die Gewürze und den Honig zufügen.
Den Herd ausschalten, den Punsch auf der Herdplatte 10 Minuten ziehen lassen. Die Mischung mit Honig abschmecken, durch ein Sieb gießen und heiß servieren.

Schinkenbrot mit Birne

Zutaten für 2 Brote
1 große feste Birne
1 EL Butterschmalz
Salz
Pfeffer
2 Scheiben Vollkornbrot
2 EL Frischkäse mit Kräutern
6 dünne Scheiben Seeluftschinken
Salatblätter
Schnittlauchröllchen

Birne waschen, trocken tupfen, das Kerngehäuse ausstechen und die Birne in Scheiben schneiden.
Butterschmalz in einer Pfanne erhitzen und die Birnenscheiben bei mittlerer Hitze von beiden Seiten jeweils etwa 2-3 Min. braten. Dann salzen, pfeffern und anschließend auf Küchenpapier abkühlen lassen.
Zwei Scheiben Brot mit Kräuterfrischkäse bestreichen, zuerst mit Birnenscheiben belegen und dann den Schinken darauf anrichten.
Die Salatblätter waschen, trocken schütteln und in Streifen schneiden. Die belegten Brote mit Salatstreifen und ein paar Schnittlauchröllchen garnieren.

Schokobirnen mit Vanillecreme

Zutaten
Für 4 Personen
4 Birnen mit Stiel
100 g Rohrzucker
½ TL Zimt
½ l Rotwein
1 Zitrone
1 Tafel Edelbitterschokolade (100 g)
1 Tafel Vollmilchschokolade (100 g)
1 EL Sahne
Pistazien

Vanillecreme
2 Eigelbe
1 EL Stärkemehl
80 g Puderzucker
2 Pck. Bourbon-Vanillezucker
½ l Milch

Die Birnen waschen, schälen, den Stiel nicht entfernen, und die Zitrone auspressen.
Aus Zucker, Zimt, Wein und Zitronensaft einen Sud kochen. Die Birnen hineingeben und ca. 6-8 Min. garen, dabei mehrmals wenden. Die Birnen herausnehmen und abtropfen lassen. Schokolade und Sahne im Wasserbad schmelzen und die Birnen mit der Schokoglasur überziehen. Die Schokobirnen mit gehackten Pistazien garnieren und die Schokohülle fest werden lassen. Birnen mit Vanillecreme anrichten.
Alle Zutaten für die Vanillecreme in etwas kalter Milch verquirlen. Die übrige Milch aufkochen lassen und langsam die verquirlten Eier zugeben. Unter ständigem Rühren so lange kochen, bis eine cremige Masse entsteht.

Die restliche Schokolade habe ich in ein Schokoherz verwandelt.

POSTALE
DOPISNICE
postale
Postcard — Brief
Union postale universelle
Monsieur André

Genuss und Lebensfreude

Die warme Herbstsonne lädt uns noch mal zum Sitzen im Freien ein und deshalb freuen wir uns ganz bewusst auf eine kleine verträumte Oase im Südwesten Berlins. Dort, wo die Hauptstadt noch Dorf ist, im Herzen von Wannsee, gibt es einen wundervollen Ort, an dem früher Tierfutter an den Mann gebracht wurde und es heute nach Kräutern, Blumen und Kaffee duftet: Mutter Fourage. Einzig und allein der außergewöhnliche Name verweist noch auf den früheren Zweck.
Im kopfsteingepflasterten Hof mit Kulturscheune, blühender Gärtnerei und einem hübschen Café ist die Welt noch in Ordnung. Das Hof-Café betreiben Dagmar und Heribert von Reiche seit über zehn Jahren. Den dazugehörigen kleinen Lebensmittelladen haben sie 2009 übernommen, renoviert und unter dem Namen „Feine Kost" neu eröffnet.
In ihrem Geschäft verkaufen sie ein in Berlin wahrscheinlich einmaliges Angebot regionaler und saisonaler Lebensmittel aus kleinen Manufakturen der besonderen Art – vom Birnenessig bis hin zum Edelkastanienhonig. Und es ist nahezu unmöglich den Laden ohne frisches Obst, Gemüse, Brot oder Milchprodukte zu verlassen. Auf das Bio-Label haben die Inhaber zugunsten kleiner, nicht zertifizierter Hersteller verzichtet, obwohl frisch geernteter Kohl und knackiges Gemüse nach wie vor aus kontrolliert biologischer Produktion bezogen werden.
In der Hof-Gärtnerei findet sich alles was das Gärtnerherz begehrt. Aus Holland kommt hier nichts, dafür eine wunderbare Auswahl an Pflanzen verschiedenster Arten aus Potsdam und Glindow.
Nachdem wir alles verstaut haben, gönnen wir uns noch eine kurze Pause im Hof-Café und genießen den köstlichen Zwiebelkuchen. Satt und glücklich machen wir uns schließlich auf den Heimweg.

Wenn es draußen so richtig fröstelt und die Luft nach Schnee riecht, steht uns der Sinn nach Ruhe, Wärme und Geborgenheit. Deftige Suppen, herzhafte Kohlgerichte und vitaminreiche Salate kommen da gerade recht. Die heimische Winterküche bietet ein vielfältiges Spektrum an farbenfrohen Zutaten, die sogar Frost vertragen, und aus denen sich abwechslungsreiche Köstlichkeiten zubereiten lassen. Unwiderstehlich sind pikante oder süße Speisen, für die man tief in die Schatzkiste feinster Aromen greifen kann.
Und wenn die herrlich würzigen Grüße aus der Küche, in der fleißig gebrutzelt und gebacken wird, durch das ganze Haus ziehen, stimmen wir uns so allmählich auf die schönste Zeit des Jahres ein. Eine Einladung zum gemütlichen Adventskaffee ist eine wunderbare Gelegenheit, sich mit lieben Freunden das Warten auf das Weihnachtsfest zu versüßen. Mit jedem Tag wächst die Vorfreude auf die gemeinsamen Plauderstunden mit der Familie, eine festlich geschmückte Tafel und unser kleines aber feines Weihnachtsmenü, das nicht nur den Gaumen erfreut, sondern auch glücklich macht.

Winterzauber

Im Winter hilft uns die große Familie des Kohls, abwechslungsreich durch die Jahreszeit zu kommen. Früher Kost der kleinen Leute, zählt das blättrige Wintergemüse aufgrund seiner wertvollen Inhaltsstoffe heute zu den beliebtesten Gemüsesorten. Ob Grün-, Rot-, Weiß- oder Rosenkohl, das heimische Kohlgemüse ist sehr gesund und stärkt die Abwehrkräfte. Rezepte mit Weißkohl passen perfekt in diese Jahreszeit. Die kugelrunden Köpfe des Weißkohls lassen sich vielfältig zubereiten. Beliebt sind Krautpfannen, Eintöpfe, Aufläufe oder Krautsalate. Bei Sauerkraut handelt es sich um milchsaures Weißkohlgemüse. Roh ist das Gemüse am gesündesten, schon Pfarrer Kneipp schwörte auf Sauerkraut bei allerlei Beschwerden. In Aufläufen oder als Beilage zu Fleischgerichten kommt der säuerliche Geschmack besonders gut zur Geltung. Auch Rotkohl wird gern als Begleiter zur deftigen Winterküche gereicht. Ausgesprochen vielseitig ist Wirsing, er schmeckt gedünstet oder geschmort und seine biegsamen Blätter lassen sich wunderbar zu Krautwickeln zusammenrollen. Seit Kurzem gewinnt der Grünkohl immer mehr an Bedeutung, in Amerika ist wegen der außerordentlichen Nährstoffe ein wahrer Hype um „Kale“ ausgebrochen. Neuerdings findet Grünkohl in Smoothies oder als Chips Verwendung, aber auch in gedünsteter Form kommt das gekrauste Blattgemüse frisch auf den Tisch. Zu den würzigen Kohlgemüsen gehören auch die kleinen grünen Rosenkohlröschen, die wie der Grünkohl geschmacklich vom Frost profitieren. Knackig gegart, in Butter geschwenkt, als Suppe oder Auflauf schmeckt Rosenkohl besonders köstlich.

Grünkohl & Co.

Grünkohlpesto

Zutaten
200 g Grünkohl
natives Olivenöl
50 g Pinienkerne
½ Bund glatte Petersilie
2 Knoblauchzehen
grobes Meersalz
1 TL Zitronenabrieb (Bio-Zitrone)
Pfeffer aus der Mühle

Die Grünkohlblätter in kochendem Salzwasser etwa 1-2 Minuten blanchieren, in Eiswasser abschrecken und gut abtropfen lassen. Den mittleren Strunk entfernen und die Blätter in Streifen schneiden. Petersilie waschen, trocken schütteln und grob hacken. Anschließend die Pinenkerne in einer beschichteten Pfanne ohne Fett anrösten und abkühlen lassen. Grünkohl, Pinienkerne, Knoblauch und Petersilie im Mixer pürieren und dann nach und nach das Olivenöl dazugeben, bis die gewünschte Konsistenz erreicht ist. Mit Zitronenabrieb, Salz und Pfeffer abschmecken. Das Pesto in ein Schraubglas füllen und zusätzlich mit Olivenöl bedecken, so hält es sich im Kühlschrank einige Wochen.

Grünkohl Smoothie

Zutaten für 4 Personen
4 Grünkohlblätter ohne mittleren Strunk
300 g Ananas
1 Apfel
100 g Mango
1 Handvoll Basilikumblätter
Saft einer Bio-Zitrone
Saft von 2 Bio-Orangen

Ananas schälen, den mittleren festen Strunk entfernen und das Fruchtfleisch in Stücke schneiden. Mango schälen, das Fruchtfleisch vom Kern schneiden und in grobe Stücke schneiden. Apfel schälen, halbieren, das Kerngehäuse entfernen und grob würfeln. Früchte, die grob geschnittenen Grünkohlblätter und Basilikum in den Mixer geben, dann den Saft zufügen. Das Ganze zu einem sämigen Smoothie pürieren. Bei Bedarf mit Wasser auffüllen. Bis zur Verwendung im Kühlschrank aufbewahren.

Wirsingtarte

Zutaten
1 kleiner Wirsing (ca. 400 g)
300 g Mehl
1 Pck. Backpulver
1 Prise Salz
100 g Quark
50 ml Wasser
2 EL Olivenöl
100 g Schinkenspeck
4 Eier
¼ l Sahne
1 EL Schnittlauchröllchen
Salz
Pfeffer
Muskat

Wirsing putzen, den Strunk herausschneiden und die groben äußeren Blätter entfernen. Den Rest in feine Streifen schneiden. Den Wirsing in kochendem Wasser blanchieren und in Eiswasser abschrecken. Gut abtropfen lassen.
Den Speck würfeln, ausbraten und dann den Wirsing dazugeben und anbraten. Mit Salz und Pfeffer würzen.
Den Backofen auf 180 °C vorheizen.
Mehl, Backpulver und Salz in einer Schüssel miteinander vermengen. Dann Quark, Wasser und Öl hinzufügen und das Ganze zu einem Teig verkneten. Den Teig auf einer bemehlten Arbeitsfläche in Backformgröße ausrollen. Die gefettete Tarteform mit dem Teig auskleiden und den Rand 3 cm hochziehen. Mit einer Gabel mehrfach in den Boden stechen.
Jetzt kommt die Wirsing-Schinkenspeck-Mischung auf den Teig. Die Eier mit der Sahne verquirlen, die Schnittlauchröllchen unterrühren und würzen.
Die Ei-Sahne-Mischung gleichmäßig über den Wirsing geben. Im vorgeheizten Ofen ca. 30-35 Min. backen.

Home made

Krautwickel mit Pilzfüllung

Zutaten
für 4 Personen
8 Wirsing- oder Weißkohlblätter
150 g Kräuterseitlinge
150 g braune Champignons
1 EL Butter
4 EL Semmelbrösel
1 Schalotte
2 Eier
2 EL gehackte glatte Petersilie
2 EL Schnittlauchröllchen
1 Messerspitze Thymian
1 Messerspitze Majoran
1 EL Butterschmalz
500 ml Gemüsebrühe
Salz
Pfeffer aus der Mühle

Die Wirsingkohlblätter in kochendem Salzwasser 1 Minute blanchieren. Verwendet man Weißkohl, so wird der Strunk herausgeschnitten und der Kohl mit einer Fleischgabel ins kochende Salzwasser gehalten, bis sich die Blätter lösen. Die Kohlblätter in Eiswasser abschrecken, abtropfen lassen und trocken tupfen. Die dicke Blattrippe flach schneiden.

Pilze putzen, anschließend in kleine Würfel schneiden, dann die Schalotte schälen und ebenfalls fein würfeln. Schalotten- und Pilzwürfel in heißer Butter gut anbraten, sodass die Pilze Flüssigkeit verlieren. Die Pilzmasse in eine Schüssel geben, Eier, Semmelbrösel und die Kräuter hinzufügen und alles zu einer Masse vermengen. Mit Salz und Pfeffer würzen.

Jeweils 2 Kohlblätter übereinander auf der Arbeitsfläche ausbreiten und gleich große Portionen von der Pilzmasse in die Mitte setzen. Die Kohlblätter zu Rouladen zusammenrollen, entweder mit Rouladennadeln zusammenstecken oder mit Küchengarn zusammenbinden.

Butterschmalz in einer hohen Pfanne erhitzen und die Rouladen rundherum goldbraun anbraten. Haben die Krautwickel Farbe angenommen, die Gemüsebrühe zugießen. Den Deckel auflegen und die Kohlrouladen etwa 30-40 Min. bei milder Hitze schmoren lassen. Zwischendurch mal wenden.

Die Kohlrouladen herausnehmen und warmhalten. Die Sauce einkochen lassen, evtl. leicht binden, mit Salz und Pfeffer abschmecken.

Als Beilage schmecken Stampfkartoffeln.

Rouladen mit Sauerkrautfüllung

Zutaten für 4 Personen

4 Schweinerouladen
60 g Schinkenspeck
2 EL Butterschmalz
1 Zwiebel
150 g frisches Sauerkraut
2-3 EL Senf
½ Bund Suppengrün
3-4 kleine Zwiebeln
1-2 EL Tomatenmark
100 ml Weißwein
500 ml Fleischbrühe
Salz
Pfeffer

Das Sauerkraut abspülen, abtropfen lassen und grob hacken. Zwiebel und Schinkenspeck in Würfel schneiden. Butterschmalz in einer Pfanne erhitzen und die Schinken- und Zwiebelwürfel darin anbraten. Das Kraut dazugeben, unter Rühren etwa 5 Min. braten und dann abkühlen lassen.

Die Schweinerouladen waschen, mit Küchenpapier trocken tupfen und etwas flach klopfen. Die Rouladen mit Salz und Pfeffer würzen und mit Senf bestreichen. Das abgekühlte Sauerkraut auf die Schweinerouladen geben, dann fest aufrollen und zusammenbinden. Butterschmalz im Bräter erhitzen und die Rouladen rundherum kräftig anbraten und wieder herausnehmen.

Zwiebeln schälen und das Suppengrün waschen, putzen und in grobe Stücke schneiden. Zwiebeln, Suppengemüse und Tomatenmark in den Bräter geben und einige Minuten unter Rühren rösten. Mit Wein ablöschen und reduzieren lassen. Dann die Fleischbrühe aufgießen. Die Rouladen wieder in den Topf setzen und zugedeckt bei schwacher Hitze ca. 1,5 Stunden schmoren, dabei mehrmals wenden.

Die Rouladen aus dem Topf nehmen. Die Sauce durch ein Sieb passieren und entweder bis zur gewünschten Konsistenz einköcheln lassen oder mit kalter Butter, Saucenbinder bzw. saurer Sahne binden und abschmecken. Küchengarn entfernen, die Rouladen schräg halbieren und mit der Bratensauce anrichten.

Dazu schmecken Salzkartoffeln, Klöße oder Spätzle.

Sauerkrautpuffer

Zutaten für 4 Personen

200 g Sauerkraut
400 g Kartoffeln
1 Zwiebel
1 Ei
1 TL Kümmel gemahlen
Cayennepfeffer
1 EL Speisestärke
Salz
Pfeffer
1 Bund Schnittlauch
Butterschmalz zum Braten

Kartoffeln schälen, waschen, trocken tupfen und reiben. Dann die Zwiebel reiben und den Schnittlauch in kleine Röllchen schneiden.
Das Sauerkraut gut ausdrücken und grob hacken.
Sauerkraut, Kartoffeln, Zwiebel, Eier, Schnittlauchröllchen, Speisestärke und Kümmel in eine Schüssel geben und alles gut vermengen.

Mit Salz und Pfeffer würzen. Butterschmalz in einer Pfanne erhitzen und einen großen Löffel von der Masse in die Pfanne geben, platt drücken und auf beiden Seiten goldbraun braten.
Mit Lauch- oder Schnittlauchröllchen garnieren.

Dazu schmeckt ein frischer Feldsalat, ein Kräuter-Dip oder Räucherlachs.

Apfel-Rotkohl

Zutaten
1 kleiner Rotkohl (ca. 700 g)
1-2 Äpfel
1 EL Butter
1 Zwiebel
3 Gewürznelken
3 Wacholderbeeren
2 Lorbeerblätter
200 ml Rotwein
200 ml Apfelsaft
1 EL Zitronensaft
2 EL Balsamico
1 TL Abrieb einer Bio-Orange
Salz, Zucker

Den Kohlkopf putzen, vierteln, den Strunk herausschneiden und das Rotkraut in dünne Streifen schneiden.
Eine Zwiebel schälen und mit Gewürznelken spicken.
Die Butter zerlassen und darin einen Esslöffel Zucker kurz ankaramellisieren. Dann das in Streifen geschnittene Rotkraut zugeben, gut umrühren und leicht anrösten. Mit Apfelsaft und Wein ablöschen. Die gespickte Zwiebel, Zitronensaft, Balsamico, Gewürze, Salz und Pfeffer dazugeben.
Die Äpfel schälen, in Würfel schneiden und mitköcheln.
Das Rotkraut aufkochen lassen und zugedeckt bei milder Hitze etwa eine Stunde garen und immer wieder umrühren.
Zum Schluss Orangenabrieb unterheben, abschmecken und evtl. mit Balsamico, Salz und Pfeffer nachwürzen.

STAUB
STAUB

Rosenkohlgemüse

Zutaten für 4 Personen
500 g Rosenkohlröschen
40 g Butter
65 g Schinkenspeck
2 mittlere Zwiebeln
Salz
Pfeffer
Muskat
1 EL gehackte Petersilie
1 EL Schnittlauchröllchen

Den Rosenkohl putzen, waschen und gut abtropfen lassen. In kochendem Salzwasser ca. 15-20 Minuten garen, in ein Sieb schütten und abtropfen lassen, anschließend in Eiswasser abschrecken. Die Zwiebeln und den Schinkenspeck in Würfel schneiden. Butter schmelzen und die Speckwürfel darin anschwitzen. Die Zwiebeln dazugeben und glasig dünsten. Dann die Rosenkohlröschen hinzugeben und einige Minuten in der Butter schwenken. Bei Bedarf noch etwas Butter dazugeben. Mit Salz, Pfeffer und Muskat abschmecken und frische Petersilie darüberstreuen. Das Rosenkohlgemüse schmeckt als Beilage zu Fleisch- oder Geflügelgerichten.

Rosenkohlsuppe

Zutaten für 4 Personen
500 g Rosenkohlröschen
3/4 l Geflügelbrühe
1/8 l Sahne
1 Prise Zucker
Salz
Curry, Muskat

Den Rosenkohl putzen und waschen. Die Gemüsebrühe zum Kochen bringen und den Rosenkohl darin garen. Nach etwa 5 Minuten ¼ des Rosenkohls mit der Schaumkelle herausnehmen und etwas abkühlen lassen. Den restlichen Rosenkohl weich kochen und pürieren. Die Sahne unterrühren und mit den Gewürzen abschmecken. Die Rosenkohlröschen vierteln, in die Suppe geben und nochmals erhitzen.

Rosenkohlauflauf

Zutaten für 4 Personen

300 g Rosenkohlröschen
400 g Kartoffeln, vorwiegend festkochend
250 ml Sahne
2 Scheiben Kochschinken
2 Eier
Salz , Pfeffer
Muskatnuss
1 EL Schnittlauchröllchen

Kartoffeln schälen, in Scheiben schneiden und in kochendem Salzwasser 10 Min. garen. Rosenkohl putzen, zu den Kartoffeln geben und 5 Min. mitgaren. Alles abgießen, gut abtropfen lassen und in eine gefettete Auflaufform geben. Die Sahne steif schlagen.
2 Eier kräftig mit Salz, Pfeffer und geriebener Muskatnuss würzen. Mit dem Handmixer schaumig schlagen, Sahne, Schinken, Schnittlauchröllchen vorsichtig unterheben. Die Mischung über das Gemüse geben und im vorgeheizten Ofen bei 200 °C auf der 2. Schiene von unten 25-30 Min. hellbraun überbacken.

Wurzeln und Knollen – Die erdigen Schätze haben ihr Schattendasein als Nahrungsgrundlage für arme Leute längst verloren. Nun erfreuen sie sich als aromatisches und nährstoffreiches Gemüse immer größerer Beliebtheit. Als Beilage zu Fleischgerichten, Hauptmahlzeit oder Salat haben sich die gesunden Gemüsesorten in meiner Küche einen festen Platz erobert. Da trifft es sich gut, dass Möhren, Pastinaken, Rettich, Rote Bete oder Schwarzwurzeln in gut sortierten Supermärkten, Wochenmärkten oder Bioläden sogar im Winter Saison haben.

Rote Bete kannte man zum Beispiel nur gekocht oder sauer eingelegt. Mittlerweile gilt die wohlschmeckende Knolle als regelrechte Delikatesse. Ob nun in der Suppe oder gebacken aus dem Ofen, die angenehme, leicht erdige Note passt in viele Gerichte.

Überaus beliebt sind *Möhren* – auch Gelbe Rüben, Karotten oder Mohrrüben genannt. Mittlerweile gibt es etwa 300 verschiedene Sorten in unterschiedlichsten Farbvarianten. Das gesunde Allround-Gemüse schmeckt roh oder gegart und ist aus unserer Küche nicht mehr wegzudenken.

Die *Petersilienwurzel* – äußerlich der Pastinake sehr ähnlich – wird vorwiegend als Suppengewürz verwendet. Das aromatische Wurzelgemüse gibt jeder Suppe und jedem Eintopf einen würzigen, leicht süßlichen Geschmack, ist aber auch gebraten oder gebacken sehr lecker.

Am interessantesten ist *Topinambur* – eine Sonnenblumenart, an deren unterirdischen Wurzelausläufern essbare Knollen wachsen. Auch bekannt als Erdartischocke, Erdbirne oder Rosskartoffel. Topinambur hat einen nussig-süßlichen Geschmack und enthält wenige Kalorien. Die bizarr geformte Knolle kann ganz nach Belieben gedünstet, püriert, gebacken oder als Salat genossen werden.

Die *Kartoffel* – unser liebstes und wichtigstes Grundnahrungsmittel. Sie wird auch Erdapfel, G(K)rumbeere oder Grundbirne genannt. Die tolle Knolle ist gesund, vielseitig und mit keinem anderen Produkt kann man so viel anstellen. Die Kartoffel ist nicht nur eine feine Beilage, sondern oft auch Hauptbestandteil vieler delikater Gerichte.

Aber auch andere Wurzeln und Knollen haben ihre Vorzüge. Wie zum Beispiel die *Steckrübe* – auch Wruke, Kohlrübe, Erdkohlrabi, Butterrübe oder Schwedische Rübe genannt. Typisch ist der herbsüße kohlartige Geschmack. Die Steckrübe ist ideal für Eintöpfe oder als Beilage.

Pastinaken – auch Hammel- oder Hirschmöhren genannt, sind eigentlich alte Bekannte, die bis ins 18. Jahrhundert zur deutschen Grundnahrung gehörten. Von Speisekartoffeln und Mohrrüben abgelöst, verloren Pastinaken hierzulande an Bedeutung. Der süßlich-würzige, leicht nussige Geschmack macht die Pastinake heutzutage wieder äußerst beliebt. Sie schmeckt gedünstet, gebraten, als Suppe oder auch roh.

Als „Spargel des Winters“ wird die *Schwarzwurzel* oft bezeichnet. Wenn auch wegen der schwarzen, erdigen Schale und des lästigen Putzens etwas gefürchtet, so lässt der feine wohlschmeckende Geschmack, der sich keineswegs hinter dem des Spargels verstecken muss, die Mühe wieder vergessen. Schwarzwurzeln schmecken in Suppen, Eintöpfen oder als Gemüsebeilage zu Fleischgerichten.

Wurzeln & Knollen

Rote Bete Süppchen

Zutaten für 4 Personen
1 Bund Suppengrün
1 Zwiebel
400 g Suppenfleisch (Rindfleisch)
1 Lorbeerblatt
2 Möhren
400 g Rote Bete
1 EL Tomatenmark
Essig
Salz
Zucker
2 EL saure Sahne

Das Suppengrün putzen, waschen und klein schneiden. Die Zwiebel schälen und vierteln. Das Rindfleisch mit Salz, Zwiebel, Suppengrün, Lorbeerblatt und ca. 1,5 Liter Wasser in einem Topf zum Kochen bringen. Bei schwacher Hitze etwa 1,5 Stunden weich kochen. Das Fleisch aus dem Topf nehmen, etwas abkühlen lassen und in Würfel schneiden. Die Brühe durch ein Sieb gießen und 1 l abmessen. Die Möhren und die Rote Bete waschen, schälen (am besten Einweghandschuhe benutzen) und in Würfel schneiden. Dann in heißer Butter kurz anrösten, Tomatenmark untermengen und mit der Brühe ablöschen, aufkochen lassen und bei mittlerer Hitze etwa 30-40 Min. gar kochen. Die Suppe pürieren, mit Salz, Zucker und etwas Essig abschmecken. Das in Würfel geschnittene Rindfleisch zur Suppe geben. Bei Bedarf noch etwas Brühe zugeben. Die Suppe mit saurer Sahne servieren.

Rote Bete Smoothie

Zutaten für 4 Portionen
300 g Rote Bete (vorgegart)
1 Apfel · 400 g Mango
200 g Ananas (ca. 2 Scheiben)
Saft einer Bio-Zitrone
Saft einer Bio-Orange

Rote Bete in grobe Stücke schneiden und in den Mixer geben. Apfel schälen, halbieren, das Kerngehäuse entfernen, ebenfalls grob würfeln und zur Roten Bete geben.

Vorbereitete Ananas in Stücke schneiden. Alles in den Mixer geben, Säfte zufügen und pürieren. Wasser nach Bedarf hinzugeben. Gut gekühlt servieren.

Rote Bete aus dem Ofen

Zutaten für 4 Personen

4 Rote Bete
4 rote Zwiebeln
2-3 EL Olivenöl
3-4 kleine Thymianzweige
1 Rosmarinzweig
1 EL frisch gepresster Orangensaft
1 EL Himbeer-Balsamico
Worcestersauce
100 g Ziegenfrischkäse
grobes Meersalz
Pfeffer
1 Bio-Orange
1-2 Salatblätter

Rote Bete schälen und vierteln, in einer Schüssel mit Olivenöl und geschälten, geviertelten, roten Zwiebeln gut vermischen. Die Mischung in eine Auflaufform geben, etwas Thymian und Rosmarin darüber geben und mit Salz und Pfeffer kräftig würzen.
Im vorgeheizten Ofen etwa 45-50 Min. garen. 20 Minuten vor Garzeitende frischen Orangensaft und Balsamico sowie ein paar Spritzer Worcestersauce darüber geben.
Zum Anrichten kommen dann Bröckchen Ziegenfrischkäse und gebräunte Kürbiskerne, Pfeffer aus der Mühle und etwas Olivenöl darüber und als Garnierung halbierte Orangenscheiben und ein paar grüne Salatblättchen.
Mit frischem Baguette oder pur genießen.

Rote Bete-Chips

Zutaten
400 g Rote Bete
Öl zum Frittieren
grobes Meersalz
Pfeffer aus der Mühle

Rote Bete schälen, in sehr dünne Scheiben schneiden und trocken tupfen. Das Öl in einem Topf erhitzen und die rote Bete portionsweise knusprig frittieren.
Fertige Chips auf Küchenpapier abtropfen lassen.
Zum Schluss mit Meersalz und Pfeffer bestreuen.

Dreierlei Möhren-Chips

Zutaten
je 1 rote, gelbe und violette Möhre
(ca. 250 g insgesamt)
½ EL Olivenöl
grobes Meersalz

Backofen auf 180 °C vorheizen. Die Möhren schälen und mit einem Sparschäler oder Gemüsehobel in dünne Scheiben schneiden. Je dünner die Scheiben sind umso krosser werden die Chips. Möhrenscheiben in eine Schüssel geben und mit Olivenöl und Salz ganz nach Geschmack vermengen. Die Scheiben auf einem mit Backpapier ausgelegten Blech gleichmäßig verteilen, sodass sie nicht übereinander liegen. Im vorgeheizten Ofen etwa 12 Min. backen.

Buntes Ofengemüse

Zutaten für 4 Personen

3 Möhren
2 Petersilienwurzeln
2 rote Zwiebeln
2 kleine Rote Bete
1 Kohlrabi
1 Stück Steckrübe (ca. 100 g)
4 Thymianzweige
2 Rosmarinzweige
2 - 3 EL Olivenöl
grobes Meersalz
Pfeffer aus der Mühle

Das Wurzelgemüse waschen, schälen und in gleich große Stücke schneiden. Die Zwiebeln schälen und vierteln. Das Wurzelgemüse in eine große Schüssel geben mit Olivenöl, Salz und Pfeffer würzen. Das Ganze gut vermengen. Für die Rote Bete eine extra Schüssel verwenden und ebenfalls würzen. Das Gemüse ca. 1 Stunde marinieren. Die Kräuter waschen und trocken schütteln. Den Backofen auf 220 °C vorheizen. Das Wurzelgemüse auf ein mit Backpapier ausgelegtes Blech geben, die Kräuter zufügen und im vorgeheizten Ofen etwa 30-35 Min. backen (Garprobe). Nach 20 Minuten das Gemüse wenden. Zum Schluss noch einmal mit Salz und Pfeffer abschmecken. Das Ofengemüse mit einem Kräuter-Dip, Schafskäse oder Weißbrot servieren.

Kräuter-Dip

Zutaten

1 Becher Crème Fraîche 250 g
½ Bund Petersilie
½ Bund Schnittlauch
1-2 Knoblauchzehen
½ TL Zitronenabrieb (Bio-Zitrone)
Zitronensaft
Salz
Pfeffer aus der Mühle

Die Kräuter waschen und trocken schütteln. Schnittlauch in feine Röllchen schneiden und die Petersilie fein hacken. Den Knoblauch abziehen und durch die Presse drücken. Crème Fraîche mit Kräutern, Knoblauch, Zitronenabrieb, ein paar Spritzern Zitronensaft glatt rühren und mit Salz und Pfeffer abschmecken.

Topinambur mit Kräutern

Zutaten
für 3-4 Personen
500 g Topinambur
2 kleine Rosmarinzweige
2 kleine Thymianzweige
2 Knoblauchzehen
3-4 EL Olivenöl
grobes Meersalz
Pfeffer aus der Mühle
½ EL gehackte Petersilie

Den Backofen auf 200 °C vorheizen.
Topinamburknollen gründlich waschen, schälen und in Scheiben schneiden. Die Kräuter waschen und trocken schütteln, dann die Rosmarinnadeln klein hacken und Thymianblättchen abzupfen. Knoblauch schälen und in feine Scheiben schneiden. Topinambur, Kräuter, Knoblauch und Olivenöl in eine Schüssel geben, mit Salz und Pfeffer würzen und das Ganze gut vermengen.
Das Gemüse gleichmäßig auf einem mit Backpapier ausgelegten Backblech verteilen und im Ofen ca. 30 Min. backen, ab und zu wenden. Wenn das Gemüse leicht gebräunt und gar ist, aus dem Ofen nehmen und mit gehackter Petersilie anrichten.

Mit einem Kräuter-Dip oder beispielsweise als Beilage zu Schweinemedaillons servieren.

Winterfeuer

Auch im Freien lässt sich ein Wintertag herrlich genießen. Ein Spaziergang in klarer Winterluft bei frostigen Temperaturen sorgt für Abwechslung und kalte Füße. Aber gegen die Kälte kann man ja etwas tun: Schnell ist ein Feuer gemacht, das wohlige Wärme verbreitet, die Hände wärmt und sich wunderbar für romantische Stunden eignet. Garant für ein herzhaftes Vergnügen, das Magen und Seele wärmt, ist ein feuriger Schmaus, der bereits im Kessel brodelt und darauf wartet, verspeist zu werden. Dick eingemummelt in eine Decke kann man den Abend am knisternden Feuer perfekt ausklingen lassen.

Kartoffelgulasch

Zutaten für 3-4 Personen
800 g Kartoffeln
2 Möhren
2-3 Paprikaschoten
2 mittelgroße Zwiebeln
4 Knoblauchzehen
2 EL Olivenöl
1 EL Tomatenmark
1 EL Paprikapulver
½ TL Rosenpaprikapulver
1 Dose Tomaten (stückig 400 g)
4 Zitronenstreifen (Bio-Zitrone)
1 l Fleisch- oder Gemüsebrühe
Salz, Pfeffer
4 EL saure Sahne

Die Kartoffeln und Möhren waschen, schälen und in Würfel schneiden. Zwiebeln und Knoblauch pellen. Zwiebeln würfeln, Knoblauch hacken und würfeln. Paprikaschoten waschen, putzen und grob würfeln.
Olivenöl im Topf erhitzen, Zwiebeln und Knoblauch darin glasig anbraten. Kartoffeln und Möhren zugeben und kurz mitbraten. Tomatenmark und Paprikapulver unterrühren. Mit Salz und Pfeffer würzen.
Anschließend Paprikawürfel, Dosentomaten und Zitronenstreifen dazugeben, gut durchrühren und die Brühe aufgießen, sodass alles gut bedeckt ist.
Bei mittlerer Hitze 25-30 Min. garen. Zum Schluss die Zitronenstreifen entfernen, etwas saure Sahne unterrühren und Kartoffelgulasch mit Salz und Pfeffer abschmecken.

Kartoffelzopf

Zutaten
750 g Mehl
500 g gekochte Kartoffeln vom Vortag
100 g Butter
125 g Zucker
¼ l Milch
1 Würfel frische Hefe, zimmerwarm
250 g Rosinen
Salz
1 Ei
Puderzucker

Das gesiebte Mehl, durchgepresste Kartoffeln, zerbröselte Hefe und die übrigen Zutaten zu einem lockeren Teig verkneten.
Den Teig mit einem feuchten Küchentuch bedecken und an einem warmen Ort ca. 60 Minuten auf die doppelte Größe gehen lassen.

Backofen auf 180 °C vorheizen. Den Teig auf einer leicht bemehlten Arbeitsfläche nochmals kurz durchkneten und in drei gleichlange Stücke teilen. Aus den Teigsträngen einen Zopf flechten und die beiden Enden nach unten einschlagen. Den Hefezopf auf ein mit Backpapier ausgelegtes Backblech legen, mit verquirltem Ei bestreichen und etwa 50 Min. goldbraun backen. Zum Schluss mit etwas Puderzucker bestäuben.

Kartoffel-Fladen mit Rosmarin

Zutaten für 4 Fladen

½ Würfel frische Hefe (21 g)
1 Prise Zucker
250 g Dinkelmehl
¼ TL Salz
1 EL Olivenöl
50 g Ziegenfrischkäse
2 EL Zitronensaft
Salz
Pfeffer aus der Mühle
2 Pellkartoffeln vom Vortag
1 Zweig Rosmarin
½ EL kleingehackte rote Zwiebeln
1 Knoblauchzehe, kleingehackt
1 Zweig Rosmarin
Ziegenfrischkäseflöckchen zum Garnieren

Mehl und Salz in eine Schüssel geben, in die Mitte eine Vertiefung drücken und das Öl dazugeben.
Die Hefe zerbröseln und mit einer Prise Zucker in 100 ml lauwarmen Wasser auflösen. Die Hefemischung in die Mulde geben und mit dem Knethaken des Handrührgerätes gründlich verkneten. Abgedeckt an einem warmen Ort 60 Minuten gehen lassen, bis sich der Teig verdoppelt hat.
Backofen auf 220 °C vorheizen.
Den Teig auf einer bemehlten Arbeitsfläche nochmals gut durchkneten und in vier 13-15 cm große Kreise ausrollen.
Die Mitte der Fladen etwas dünner drücken als den Rand.
Fladen auf ein mit Backpapier ausgelegtes Blech geben.
Ziegenfrischkäse, Zitronensaft, Salz und Pfeffer verrühren und den Teig damit bestreichen.
Kartoffeln nach Wunsch pellen und in dünne Scheiben schneiden. Rosmarin waschen, trocken schütteln, die Nadeln abzupfen und klein hacken.
Kartoffelscheiben, Knoblauch, Zwiebelwürfel und Rosmarin auf dem Teig verteilen, salzen und pfeffern. Auf der mittleren Schiene ca. 15-20 Min. backen.
Nach Belieben zum Schluss mit etwas Olivenöl beträufeln und mit Ziegenfrischkäseflöckchen garnieren.

Steckrüben-Kartoffelstampf

Zutaten für 3-4 Personen

1 Steckrübe (ca. 400 g)
300 g Kartoffeln
20 g Butter
50 ml Sahne
Salz, Pfeffer, Muskat
½ EL gehackte Petersilie

Kartoffeln und Steckrübe schälen und in gleich große Stücke schneiden. Mit Salzwasser bedecken, zum Kochen bringen und bei mittlerer Hitze im halb geschlossenen Topf ca. 20-25 Min. weich kochen. Das Gemüse abgießen, kurz ausdampfen lassen und mit einem Kartoffelstampfer grob zerstampfen. Butter und Sahne unterrühren, mit Salz, Pfeffer und Muskat abschmecken. Anrichten und mit frischer Petersilie und ein paar Röstwiebeln servieren.
Schmeckt als Beilage zu Fisch- oder Fleischgerichten.

Röstzwiebeln zum Garnieren

1 mittelgroße Zwiebel
Mehl
1 EL Sonnenblumenöl
Salz

Die Zwiebel schälen und in kleine Würfel schneiden.
Die Zwiebelwürfel mit Mehl mischen, in ein Sieb geben, sodass überschüssiges Mehl abfällt. Öl in der Pfanne erhitzen, Zwiebelwürfel hinzufügen, mit Salz würzen und unter stetigem Wenden goldbraun braten. Die fertigen Röstzwiebeln auf Küchenpapier geben und abtropfen lassen.

Pastinakensuppe

Zutaten für 4 Personen
300 g Pastinaken
200 g Kartoffeln (mehlig kochend)
Steckrübe (ca. 100 g)
2 Schalotten
1 Knoblauchzehe
2 EL Butter
1 l Gemüsebrühe
Salz
Pfeffer
Muskat
Chilipulver
150 ml Sahne
Zitronensaft

Pastinaken, Steckrübe und Kartoffeln putzen, schälen und in Würfel schneiden. Die Schalotten und den Knoblauch ebenfalls schälen, fein würfeln und in erhitzter Butter andünsten.
Das Gemüse zufügen, unter Rühren anschmoren und die Gewürze zufügen, mit Brühe auffüllen, aufkochen und bei mittlerer Hitze zugedeckt ca. 20-25 Min. kochen lassen.
Sahne dazugeben und die Suppe fein pürieren. Ist die Suppe zu dick, Brühe nachfüllen. Mit Salz, Pfeffer, Zitronensaft und Muskat abschmecken und noch ein paar Minuten bei milder Hitze ziehen lassen.
Die Suppe mit Croûtons oder frischen Kräutern anrichten.

Schwarzwurzel mit Lammkoteletts

Zutaten für 4 Personen

1 kg Schwarzwurzeln
2 EL Butter
1 EL Semmelbrösel
Salz
Pfeffer
1 EL gehackte Petersilie

8 Lammkoteletts
2 EL Olivenöl
1 EL Butter
einige Stiele Rosmarin
2 Knoblauchzehen
grobes Meersalz
Pfeffer aus der Mühle

Die Schwarzwurzeln waschen und mit Handschuhen schälen. Nach dem Schälen die ganzen oder in Stücke geschnittenen Schwarzwurzeln sofort in Essigwasser legen, damit sie sich nicht dunkel verfärben! Wasser in einem Topf zum Kochen bringen, salzen und die nochmals kurz abgespülten Wurzeln hineingeben und gar kochen.
In einer kleinen Pfanne etwas Butter zerlassen und die Semmelbrösel dazugeben und unter stetigem Rühren braun rösten. Schwarzwurzeln abtropfen lassen, anrichten und mit den gerösteten Bröseln und frischer Petersilie servieren.
Lammkoteletts kalt abspülen und trocken tupfen.
Knoblauch schälen und in Scheiben schneiden.
Rosmarin waschen und trocken schütteln.
In einer Grillpfanne Olivenöl und Butter erhitzen. Lammkoteletts, Knoblauch und ein paar Stängel Rosmarin in die Pfanne geben. Koteletts von jeder Seite 2-3 Min. braten. Mit Salz und Pfeffer würzen.

Erbsen, Bohnen, Linsen – Hülsenfrüchte liegen heute wieder voll im Trend und sie bieten weitaus mehr als nur deftige Hausmannskost. In der Küche werden vor allem Erbsen, Bohnen, Linsen, Kichererbsen, Erdnüsse oder Sojabohnen verwendet. Aus den farben- und formenreichen Kraftpaketen lassen sich preisgünstige und unglaublich vielseitige Speisen zubereiten, die uns gerade im Winter ein Maximum an Energie spenden. Hülsenfrüchte versorgen den Körper mit Ballaststoffen, sind kalorien- und fettarm (außer Sojabohnen und Erdnüssen) und eiweißreiche Sattmacher. Die kleinen Nährstoffbomben kommen als Einlage in die Suppe, sind gehaltvolle Beilage, Vorspeise, Hauptmahlzeit oder geben Salaten eine besondere Note.

Warum heißen Kichererbsen eigentlich Kichererbsen? Sie machen satt und ein fröhliches Gemüt, aber kichern muss man davon bestimmt nicht. Es waren mal wieder die alten Römer: Sie haben die Pflanze vor langer Zeit „cicer“ (gesprochen: kiker) genannt und die Eindeutschung des lateinischen Wortes cicer führte schließlich dazu, dass die Erbsenart als „Kicher“-Erbse bezeichnet wurde.

Hülsenfrüchte kommen in fast allen Länderküchen vor, sie vertragen sich daher auch ausgezeichnet mit asiatischen oder orientalischen Gewürzen. Da darf man seine Kreativität ausleben, Hülsenfrüchte lieben starke Aromen.

Hülsenfrüchte

Linsensalat

Zutaten für 4 Personen

250 g Pardina-Linsen
1 Möhre
80 g Sellerie
700 ml Hühnerbrühe
100 g Romana-Salat
2 TL Senf
1 TL Limetten-Curry
2 EL Weinessig
2 EL Olivenöl
Salz,
Pfeffer
1 EL Balsamico

Die Linsen mit kaltem Wasser abbrausen, abtropfen lassen und in einen Kochtopf mit etwa 700 ml Brühe geben.
Möhren und Sellerie schälen, waschen, fein würfeln und in die Brühe geben.
Die Linsen einmal aufkochen und zugedeckt bei mittlerer Hitze etwa 30-35 Min. zwar weich, jedoch bissfest garen.
Die Linsen in eine Salatschüssel umfüllen.
Aus Senf, Weinessig, Salz, Pfeffer, Limetten-Curry und Olivenöl ein Dressing anrühren. Linsen und Marinade mischen und nochmals abschmecken.
Nun den geputzten, mundgerecht geschnittenen Salat vorsichtig unterheben, portionsweise auf Tellern anrichten und noch etwas Balsamico darüber träufeln.

Dazu schmeckt eine grobe Bio-Bratwurst.

Bohneneintopf

Zutaten für 4 Personen
250 g kleine getrocknete weiße Bohnen
Steckrübe (ca. 100 g)
2 Süßkartoffeln
4 Kartoffeln
2 Schalotten
4 - 5 EL Olivenöl
½ Bund glatte Petersilie
500 ml Gemüsebrühe
Salz
Pfeffer
½ TL Zitronenabrieb (Bio-Zitrone)

Die Bohnen über Nacht in kaltem Wasser einweichen.
Am nächsten Tag abbrausen, abtropfen lassen und in einen Topf umfüllen. Reichlich mit kaltem Wasser bedecken und zum Kochen bringen.
Den Herd herunterschalten und die Bohnen bei schwacher Hitze gar kochen, dann abgießen. Beide Kartoffelsorten schälen und in Spalten schneiden.
Die Steckrübe schälen und in Würfel schneiden.
Die Schalotten pellen, würfeln und die Petersilie fein hacken.
Olivenöl im Schmortopf erhitzen, die Schalottenwürfel und gehackte Petersilie darin leicht anrösten, die Bohnen zufügen, mit Salz und Pfeffer würzen und bei schwacher Hitze durchziehen lassen.
Nach ca. 10 Minuten Kartoffelspalten, Steckrübenwürfel hinzugeben und Gemüsebrühe nachgießen, alles aufkochen und leise gar köcheln lassen.
Zum Schluss noch etwas Zitronenabrieb unterrühren, abschmecken und mit gehackter Petersilie anrichten.

CREATIVE KITCHEN
POTTERY
For all culinary occasions

Kichererbsen-Bällchen mit Hummus

Kichererbsen-Bällchen
Zutaten für 4 Personen

250 g getrocknete Kichererbsen
2 kleine Zwiebeln
2 Knoblauchzehen
5 Stängel glatte Petersilie
3 Stängel Koriandergrün
1 TL Kreuzkümmel gemahlen
1 Tl Koriander gemahlen
1 TL Zitronenabrieb (Bio-Zitrone)
1 TL Backpulver
Salz
Pfeffer aus der Mühle
Öl zum Frittieren

Die Kichererbsen über Nacht in 750 ml kaltem Wasser einweichen. Am nächsten Tag abgießen, abspülen und abtropfen lassen. Die Zwiebeln schälen und in Würfel schneiden.
Den Knoblauch abziehen und grob hacken.
Die Kräuter waschen, trocken schütteln und klein hacken.
Zwiebelwürfel, Knoblauch, Kräuter und die Kichererbsen in der Küchenmaschine fein pürieren oder durch den Fleischwolf drehen. Die Masse in eine Schüssel geben, die Gewürze, Zitronenabrieb und Backpulver zugeben und mit Salz und Pfeffer kräftig abschmecken. Die Masse gut mischen, durchkneten und zu kleinen Bällchen formen. Sollte die Masse zu weich oder zu feucht zum Formen sein, noch etwas Mehl hinzufügen. Das Öl auf 180 °C erhitzen und die Bällchen portionsweise 3-4 Min. goldgelb ausbacken.
Auf Küchenpapier abtropfen lassen und noch warm mit Hummus servieren.

Humus
Zutaten für 6-8 Personen

250 g getrocknete Kichererbsen
6 EL Tahin (Sesampaste)
4 EL Olivenöl
4 Knoblauchzehen
1 TL Kreuzkümmel
2 EL Joghurt
Saft von 2 Zitronen
Meersalz
Pfeffer

Die Kichererbsen über Nacht in 750 ml kaltem Wasser einweichen. Am nächsten Tag abgießen und abtropfen lassen. Kichererbsen in einen großen Topf geben, mit ausreichend Wasser bedecken und zum Kochen bringen. Bei milder Hitze etwa 1-1,5 Stunden weich kochen. Ggf. den Schaum von der Oberfläche abschöpfen. Kichererbsen in ein Sieb schütten und die Kochflüssigkeit auffangen. Kichererbsen abspülen und lose Häutchen entfernen.
Kichererbsen, Tahin, Knoblauch, Kreuzkümmel, Olivenöl, Joghurt und 1/2 EL Meersalz im Mixer zu einer glatten Masse pürieren. Etwa 150 ml der Kochflüssigkeit zugeben, sodass eine cremige Masse entsteht. Zitronensaft hinzugeben und nochmals durchmixen und mit Salz und Pfeffer abschmecken. Anschließend in eine Schale füllen und etwas Olivenöl darüber gießen.

Fast völlig in Vergessenheit geraten, feiert die Quitte seit einigen Jahren ihr Comeback. In den Supermärkten sucht man sie leider oft vergeblich, aber wer nach den aromatischen Früchten Ausschau hält, wird auf Wochen- und Bio-Märkten oder in Hofläden fündig.

Die Suche lohnt sich, denn Quitten verfügen über einen herrlichen Duft und einzigartigen Geschmack.
Die goldgelben Früchte gehören zu den Kernobstgewächsen und man unterscheidet zwischen Apfel- und Birnenquitten.
Der Unterschied liegt neben der Form vor allem in der Festigkeit des Fruchtfleisches und im Geschmack der Quitte.

Für den Rohverzehr sind Quitten ungeeignet, da das Fruchtfleisch holzig, hart und bitter ist. Den Ruf, sie sei "schwer zu verarbeiten", verdankt die Quitte ihrem pelzigen Mantel, den man vor dem Kochen entfernen muss. Verarbeitet zu Quittengelee oder Quittenlikör kommt ihr herbfruchtiges Aroma ganz besonders gut zur Geltung.

Quitten

Quitten-Apfel-Strudel

Zutaten
1 Pck. TK Blätterteig
450 g
250 g Quitten, geschält und entkernt
200 g Äpfel, geschält und entkernt
1 Handvoll Rosinen
50 ml Apfelsaft naturtrüb
100 g Zucker
1 Pck. Bio Bourbon-Vanillezucker
1 TL Abrieb einer Bio-Orange
1 TL Zimt
2-3 EL Semmelbrösel
2 EL Butter
1 Ei
Puderzucker

Die Rosinen über Nacht in Apfelsaft einlegen.
Äpfel und Quitten in Würfel schneiden. Den Apfelsaft und 50 g Zucker in einen Topf geben und erhitzen.
Die Quittenwürfel in den Apfelsaft geben und bei milder Hitze köcheln lassen. Etwa 4-5 Minuten später die gewürfelten Äpfel hinzufügen. Die Früchte so lange kochen, bis sie weich sind. Den Topf vom Herd nehmen, die Quitten-Apfelmischung in ein Sieb schütten und gut abtropfen lassen. Dann die übrigen Zutaten bis auf das Ei dazugeben und gut mischen.
Backofen auf 200 °C vorheizen. Das Backblech mit Backpapier auslegen. Den Blätterteig nach Packungsanweisung auftauen lassen. Die Hälfte des Blätterteigs auf einer bemehlten Arbeitsfläche ausrollen und mit flüssiger Butter bestreichen. Dann die zweite Hälfte des Blätterteigs ausrollen, auf die erste Schicht legen und ebenfalls mit Butter bestreichen. Semmelbrösel auf den Teig streuen.
Die Apfel-Quittenmischung in der Mitte des Teigs verteilen, sodass rundherum ein Rand von ca. 3 cm frei bleibt. Anschließend kann der Strudel eingerollt werden.
Die Enden nach unten einklappen. Den Strudel vorsichtig mit der Naht nach unten auf ein mit Backpapier ausgelegtes Backblech legen. Eigelb und Milch verquirlen, den Strudel damit bestreichen und im vorgeheizten Ofen etwa 35-40 Min. goldgelb backen. Mit Zimt und Puderzucker bestreut servieren.

Besonders lecker schmeckt der Apfel-Quitten-Strudel lauwarm mit Sahne oder Vanilleeis.

Quittengelee

Zutaten
1 kg Quitten
¾ l Wasser
1 Zitrone
Gelierzucker 2:1
Rum

Quitten heiß waschen und die pelzige Oberfläche abreiben. Stil und Blüte entfernen und die Früchte mit der Schale und dem Kerngehäuse in Würfel schneiden. Quitten sind sehr gelierfähig, deshalb Schalen und Kerngehäuse mit verwenden. Die Quittenwürfel in einen großen Topf geben, mit Wasser bedecken und bei mittlerer Hitze zum Kochen bringen. Dann ca. 45 Min. bei schwacher Hitze weich garen. Anschließend durch ein feines Tuch abseihen. Saft abmessen und mit Gelierzucker 2:1 nach Anweisung unter Rühren zum Kochen bringen, dann den Zitronensaft zufügen. Die Flüssigkeit 3 Min. sprudelnd kochen lassen. Heiß in vorbereitete Gläser füllen, die Deckel mit etwas Rum ausspülen und sofort verschließen. Gläser ca. 5 Min. auf den Kopf stellen.

Quitten-Chutney

Zutaten
1 große Quitte
1 weiße Zwiebel , 1 Schalotte
1 EL Olivenöl
2 EL Himbeeressig
1 Chilischote
100 ml frisch gepresster Orangensaft
100 ml Weißwein
2 EL Zucker
1 TL Wachholderbeeren
1 TL Salz
Pfeffer
1 TL Speisestärke

Quitten heiß waschen und die pelzige Oberfläche abreiben. Die Früchte schälen und das Kerngehäuse entfernen. Das Fruchtfleisch in Würfel schneiden. Die Quittenwürfel mit den restlichen Zutaten in einen Topf geben, die Flüssigkeit zum Kochen bringen und dann alles bei milder Hitze 1-1,5 Stunden kochen lassen. Mit Salz und Pfeffer abschmecken und das Ganze mit der Speisestärke binden. Heiß in vorbereitete Gläser füllen. Das Chutney passt sehr gut zu Käse oder in ein Hähnchencurry.

Quittenlikör

Zutaten
500 g Quitten
300 g brauner Kandiszucker
1/2 Zitrone
0,7 l Nordhäuser Doppelkorn

Die Quitten mit einem Tuch abreiben, waschen, entkernen und in Würfel schneiden. Quittenwürfel, Saft der halben Zitrone und den Kandiszucker in ein weithalsiges Gefäß füllen und den Doppelkorn aufgießen. Gut verschließen und an einem kühlen, dunklen Ort ca. 4 Wochen ziehen lassen. Das Gefäß ab und zu schütteln. Anschließend filtern und in Flaschen abfüllen.

Ob Walnuss, Haselnuss oder Maronen – zur Winterzeit gehören sie einfach dazu. Doch Nüsse schmecken nicht nur gut, sie sind auch sehr gesund. Lange waren Walnüsse und Haselnüsse aufgrund ihres hohen Fettgehalts verpönt. Maronen – die dunkelbraunen Früchte der Edelkastanie, auch Esskastanien genannt, sind im Gegensatz zu anderen Nüssen äußerst fettarm, aber durch ihren hohen Stärkeanteil auch sehr sättigend. Die meisten Nüsse werden zwischen Oktober und Dezember geerntet.
Dank guter Lagerfähigkeit gibt es sie das ganze Jahr über zu kaufen, aber frisch schmecken die knackigen Früchtchen am besten. Besonders lecker wird es, wenn aus den Kernen der hartschaligen Stars verführerische Köstlichkeiten entstehen.

Maronen und Walnüsse

Winterliches Maronenhähnchen

Zutaten für 4 Personen
1 Hähnchen (ca. 1,4 kg)
100 g Maronen, vorgegart (vakuumverpackt)
1 Schalotte
4 Rosmarinzweige
2 Thymianzweige
½ junge Knoblauchknolle
1 Bio-Zitrone
4-5 EL Olivenöl
¼ l Hühnerbrühe
Salz
Pfeffer aus der Mühle

Den Backofen auf 200 °C vorheizen.
Das Hähnchen von innen und außen gründlich waschen, trocken tupfen und die Flügelspitzen abtrennen.
Die Haut vom Hals aus über der Brust vorsichtig lösen.
Die Haut an den Keulen ebenfalls vorsichtig lösen.
Das Hähnchen innen kräftig mit Salz und Pfeffer würzen.
Maronen fein würfeln und in einer Pfanne ohne Fett rösten.
Schalotte schälen und in feine Würfel schneiden.
Kräuter waschen und trocken schütteln.
Drei Rosmarinzweige beiseite legen. Rosmarinnadeln und Thymianblättchen abzupfen und fein hacken.
2 EL Olivenöl, die Kräuter, Schalotten- und Maronenwürfel in einer Schüssel vermischen und mit Salz und Pfeffer würzen. Die Maronenmischung vorsichtig unter die Haut der Brust und Keulen schieben.
Das Hähnchen von außen mit 1-2 EL Olivenöl einreiben. Anschließend kräftig mit Salz und Pfeffer würzen.
Die Zitrone waschen, trocken reiben und achteln.
Das Hähnchen mit der halben Knoblauchknolle, einem Rosmarinzweig und 4 Zitronenspalten füllen.
Die Hähnchenkeulen mit Küchengarn zusammenbinden.
Die Brühe erhitzen, in einen Bräter geben und das Hähnchen mit der Brustseite nach unten hineinsetzen. Die restlichen Zitronenspalten und Rosmarinzweige ringsum verteilen.
Das Hähnchen im vorgeheizten Ofen etwa 30 Min. garen.
Das Hähnchen wenden und weitere 45-50 Min. goldbraun und knusprig braten. Zwischendurch immer wieder mit der Bratenflüssigkeit bestreichen.
Das fertige Hähnchen in je 2 Brust- und Keulenstücke teilen und anrichten.

Mit etwas Bratenflüssigkeit, Rosmarinkartoffeln, zartem Gemüse oder Baguette servieren.

Schoko-Nuss-Kuchen im Glas

Zutaten
für 5 Gläser (à 250 ml)

2 Eier
65 g weiche Butter
125 g Zucker
150 g Mehl
1 Prise Salz
60 g gemahlene Haselnüsse
½ Päckchen Weinsteinbackpulver
2 TL Zimt
½ TL Kardamom (gemahlen)
Mark einer Vanilleschote
1 TL Abrieb einer Bio-Orange
125 ml Milch
75 g gehackte Zartbitterschokolade
Bittermandelaroma

Den Backofen auf 175 °C vorheizen.
Die Eier trennen und das Eiweiß mit einer Prise Salz steif schlagen. Butter und Zucker in eine Rührschüssel geben und das Ganze cremig schlagen. Das Eigelb nach und nach zugeben und gründlich unterrühren.
Gesiebtes Mehl, gemahlene Nüsse, Backpulver und die Gewürze miteinander vermischen. Die Mehlmischung abwechselnd mit der Milch zur Butter-Zucker-Masse geben und so lange kräftig unterrühren, bis ein glatter Teig entsteht. Das Eiweiß, gehackte Schokolade und ein paar Tropfen Bittermandelaroma vorsichtig unter den Teig heben.
Den Teig etwa bis zur Hälfte in ausgebutterte, mit gemahlenen Nüssen ausgestreute Weck-Gläser füllen.
Die Gewürzküchlein etwa 30-35 Min. im vorgeheizten Ofen backen (Stäbchenprobe). Die fertig gebackenen Kuchen sofort verschließen.

Kühl gestellt bleibt der Kuchen einige Wochen frisch.

WECK

Marzipan-Pralinen mit Walnüssen

Zutaten
Kuvertüre, Vollmilch
200 g Marzipanrohmasse
100 g Kuvertüre, Zartbitter
100 g Kuvertüre, Vollmilch
20 g geriebene Walnüsse
Walnüsse, halbiert

Marzipanrohmasse und Walnüsse verkneten.
Die Masse ca. 1,5 cm dick ausrollen.
Mit einem Messer Rechtecke ausschneiden oder Kreise ausstechen. Die Kuvertüre in Stücke brechen und langsam im Wasserbad auflösen. Die Marzipanstückchen mit einer Gabel in die Schokolade eintauchen, abtropfen lassen und auf Backpapier setzen. Mit den Walnusshälften verzieren, solange die Schokolade noch nicht ganz fest ist. Die Pralinen trocknen lassen und kühl aufbewahren.

Walnusskranz

Zutaten
für eine Springform (26 cm ø) mit Gugelhupfeinsatz
150 g Walnusskerne
100 g Kuvertüre, Zartbitter
50 g Kuvertüre, Vollmilch
5 Eier, 80 g Butter
80 g Zucker, 1 Prise Salz
4 cl Mandellikör
2 TL Backpulver
Puderzucker
Schokoguss
100 g Kuvertüre, Zartbitter
Deko
50 g Walnüsse

Den Backofen auf 150 °C vorheizen.
Walnüsse hacken, dann beide Sorten Kuvertüre in Stücke brechen und im Wasserbad schmelzen. Die Eier trennen und die Eiweiße steif schlagen. Butter, Zucker und Salz schaumig rühren. Die Eigelbe nach und nach unterrühren.
Geschmolzene Kuvertüre, Likör, Walnüsse und Backpulver zufügen und verrühren. Den Eischnee unterheben.
Den Teig in die gefettete Springform füllen und im vorgeheizten Backofen ca. 55 Min. backen. 5 Minuten ruhen lassen.
Aus der Form lösen und auskühlen lassen.
Einige Walnusskerne hacken, den Rest so belassen.
Die Kuvertüre zerkleinern, im Wasserbad schmelzen und die Kuchenoberfläche damit überziehen.
Den Kuchen mit Walnüssen bestreuen und die Kuvertüre trocknen lassen. Zuletzt mit Puderzucker bestäuben.

baum,
zur Som- mers- zeit,
o Tan-

Geschenke verpacken

Geschenke, die von Herzen kommen, bereiten immer wieder Freude. Und wenn sie liebevoll verpackt sind, macht das Auspacken doppelt so viel Spaß.

Es gibt viele Möglichkeiten Geschenke zu verpacken. Ich beschränke mich auf schlichte Farben und Verpackungen, die nicht viel kosten.
Daher habe ich das Geschenkpapier überwiegend selbst gestaltet und anschließend einfach ausgedruckt. Das bedarf keiner großen Umstände und der Fantasie sind dabei keine Grenzen gesetzt. Ein paar hübsche Geschenkbänder und Anhänger verleihen den Verpackungen zusätzlich eine natürliche und weihnachtliche Note.

Was man benötigt:
Kopierpapier A4 weiß/Geschenkpapier
Geschenkband
(verschiedene Farben und Materialien)
Weihnachtsanhänger
Schere
Klebeband

Weihnachtsmenü

Alle Jahre wieder … Zu Weihnachten möchte man sich etwas ganz Besonderes gönnen und da stellt sich die Frage: Was koche ich? Das Gleiche wie immer! Denn ganz weit oben in der Gunst meiner Familie stehen bodenständige Festtagsklassiker wie Ente oder Gans. Gestritten wird bestenfalls, wenn es darum geht, wer die knusprigen Keulen bekommt. Wasservögel mit mehr als zwei Beinen gibt es leider noch nicht, und deshalb habe ich mich auf dem Bauernmarkt rechtzeitig mit Entenkeulen für alle eingedeckt. Aromatisch gewürzt und im Ofen gebraten werden sie zum feinen Weihnachtsessen. Bei einem Menü dürfen natürlich die Vorspeise und der Nachtisch nicht fehlen, aber da variiere ich gern mal.

Weihnachtsmenü
Vorspeise:
Wintersalat mit Croûtons
Hauptspeise:
Entenkeule mit Granatapfelsauce
& Rotkraut
Dessert:
Apfel im Schlafrock
zur
Som-

Wintersalat mit Croûtons

Zutaten für 4 Personen
400 g Chicorée
100 g Radicchio
100 g Romana-Salat
2 Orangen
2 EL Orangensaft
2-3 EL Himbeeressig
4 EL Olivenöl
Salz, Pfeffer
2 Scheiben Vollwertbrot
1 EL Butterschmalz

Den Salat putzen, waschen, abtropfen lassen und in mundgerechte Stücke schneiden. Die Orangen schälen und mit einem scharfen Messer filetieren.
Die Brotscheiben in feine Würfel schneiden. Butterschmalz in einer Pfanne erhitzen und die Brotwürfel darin knusprig braten. Die Würfel aus der Pfanne nehmen und auf Küchenpapier abtropfen lassen.
Für die Vinaigrette Orangensaft, Himbeeressig, Salz, Pfeffer und Olivenöl verrühren. Über den Salat gießen und vorsichtig unterheben. Die Orangenfilets auf dem Salat verteilen und die Croûtons darüber streuen.

Entenkeulen mit Granatapfelsauce

Zutaten für 4 Personen
4 Flugentenkeulen
4-5 kleine Zwiebeln
1 Möhre
2-3 Thymianzweige
1 EL Butterschmalz
1/4 l Geflügelbrühe
Saft 1/2 Orange
1/8 l Rotwein
1 Granatapfel
Stärkemehl
Salz, Pfeffer
1 EL Akazienhonig
1 TL Senf
1 EL Granatapfelkerne
4-5 Scheiben
einer Bio-Orange

Dazu passen Salzkartoffeln, Knödel und Rotkraut.

Den Backofen auf 180 °C vorheizen. Die Entenkeulen waschen, trocken tupfen und den Oberschenkelknochen herausschneiden. Die Keulen rundherum mit Salz und Pfeffer kräftig würzen. Zwiebeln schälen und die geputzte Möhre in Stifte schneiden. Butterschmalz in einem Bräter erhitzen und die Keulen von allen Seiten goldbraun anbraten und herausnehmen. Die Zwiebeln und Möhrenstifte in das Bratfett geben und anschmoren. Mit der Brühe ablöschen.
Die Entenkeulen und Gewürze hineingeben und die Keulen im vorgeheizten Ofen etwa 1-1,5 Stunden garen. Mit dem entstehenden Bratensaft immer wieder übergießen.
Ca. 15 Min. vor dem Garende die Keulen mit einer Senf-Honigmischung bestreichen und weiter braten bis sie knusprig sind. Fertig gebratene Keulen aus dem Ofen nehmen und warm stellen. Den entstandenen Bratenrückstand durch ein Sieb laufen lassen. Das Fett abschöpfen. Für die Granatapfelsauce beide Granatapfelhälften mit einer Zitruspresse auspressen. Den Rotwein, Orangensaft und den Granatapfelsaft zum Bratensaft gießen und etwas einkochen lassen, mit angerührtem Stärkemehl binden.
Die Sauce mit Salz und Pfeffer abschmecken. Die Keulen mit Orangenscheiben und Granatapfelkernen anrichten.

Äpfel im Schlafrock

Zutaten
4 Scheiben Blätterteig TK
Eigelb zum Bestreichen
Backpapier
4 kleine Äpfel
50 ml Wasser
100 g Zucker
100 ml Weißwein
50 g Rosinen
4 Walnusshälften
Puderzucker zum Bestäuben

Den Backofen auf 200 °C vorheißen.
Die Blätterteigscheiben nebeneinander auf eine bemehlte Arbeitsfläche legen und auftauen lassen. Die Äpfel schälen und mit einem Ausstecher das Kerngehäuse entfernen. Wasser, Zucker und Wein aufkochen und die Äpfel darin etwas garen. Die Äpfel herausnehmen und mit Rosinen füllen. Die abgekühlten Äpfel auf die Teigstücke setzen. Die vier Teigecken über die Äpfel schlagen und mit einer Walnusshälfte verschließen. Dann die Blätterteigpäckchen mit Eigelb bestreichen, auf ein mit Backpapier ausgelegtes Backblech legen und im Ofen etwa 25-30 Min. goldbraun backen. Nach dem Backen mit Puderzucker bestäuben und mit einer Kugel Vanilleeis servieren.

KILO.
Pfd.
10 KILO

AUS EIGENER HERSTELLUNG
Traubengelee
September 2014

Danke

Von Herzen danke ich meinem lieben Mann, der mich nicht nur beim Einkauf, sondern auch bei meinen vielen verrückten Fotoideen großartig unterstützt hat. Lieber Jürgen, Du hast für mich Tischplatten gezimmert, alte Türen ausgehängt, bei Bedarf sogar die eine oder andere Zutat besorgt, und dafür hab' ich Dich lieb. Ich bedanke mich bei Frau Förster und Frau Herbst vom Busse Verlag für ihr Vertrauen und die Möglichkeit, das Buch realisieren zu dürfen. Bei Frau Herbst bedanke ich mich ganz herzlich für ihre Unterstützung und wunderbare Zusammenarbeit ... Es war mir wieder eine große Freude. Zum Schluss möchte ich mich bei Marisa Jacobi für die gute, stimmige Zusammenarbeit und das tolle Layout bedanken.

Barbara Baumann

Fotos, Rezepte und Text: Barbara Baumann
Layout: Marisa Jacobi
Druck und Herstellung: DZS Grafik d.o.o, Ljubljana, Slowenien

ISBN 978-3-512-04060-3

www.bussecollection.de